Rudolf und Siegrun Weiss

Skitouren Dolomiten

Steiger-Skitourenführer

Rudolf und Siegrun Weiss

Skitouren Dolomiten

Steiger-Skitourenführer

STEIGER VERLAG

Die Autoren:
Univ.-Prof. Dr. Rudolf Weiss ist Professor für Erziehungswissenschaften und Ausbildungsleiter für Tourenskilauf an der Universität Innsbruck. Er hat sich durch seine Tätigkeit und zahlreiche Publikationen einen Namen gemacht. Seine Frau Siegrun unterstützt ihn bei seinen Unternehmungen und Veröffentlichungen.

Die Deutsche Bibliothek – CIP-Einheitaufnahme

Weiss, Rudolf:
Skitouren Dolomiten / Rudolf und Siegrun Weiss. - Augsburg : Steiger, 1996
(Steiger Skitourenführer)
ISBN 3-89652-023-7
NE: Weiss, Siegrun:

Autoren und Verlag haben sich bei diesem Führer gewissenhaft um verlässliche Angaben bemüht. Eine Haftung irgendeiner Art kann jedoch nicht übernommen werden. Die Verantwortung für Routenwahl und die Einschätzung alpiner Gefahren muß jeder Tourengeher und Skibergsteiger selbst übernehmen.

Gedruckt auf chlorfrei gebleichtem Papier.

Steiger Verlag

Kartenskizzen: Dieter Seibert, Sonthofen, nach Vorlagen von Siegrun Weiss.
Umschlaggestaltung und Layoutentwurf: hummel & fette, Neuburg/Donau
Satz und Layout: Gesetzt aus 9/10 p Stone Sans von Daniel Schindler, SailerSatz, Augsburg
Reproduktion: Colorline, Verona
Druck und Bindung: Holzer in Weiler

Einbandvorderseite: Aufstieg zur Cima Fradusta (Pala).
Einbandrückseite: Anstieg zum Schwarzhorn am frühen Morgen.
S. 1: Felsschlucht bei der Abfahrt von der Cima Scalieret.
S. 2: Monte Formin im Tourengebiet von Cortina d'Ampezzo.
Sämtliche Aufnahmen in diesem Buch stammen von Siegrun und Rudolf Weiss.

Printed in Germany
ISBN 3-89652-023-7

Inhaltsverzeichnis

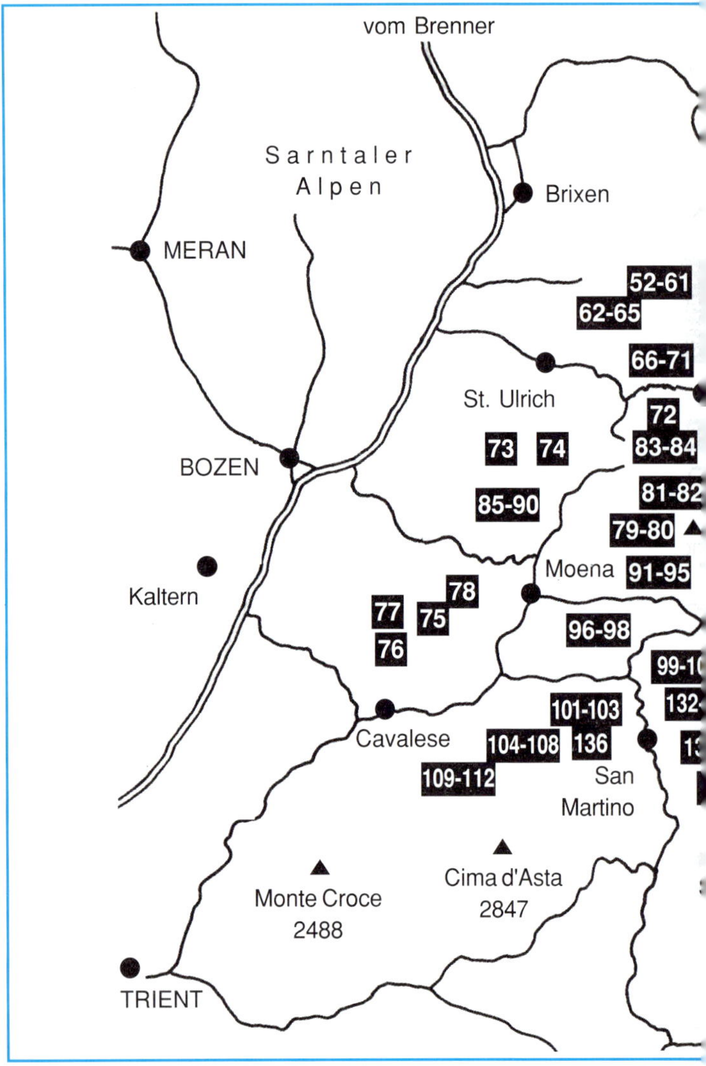
vom Brenner
Sarntaler
Alpen
Brixen
MERAN
52-61
62-65
66-71
St. Ulrich
72
73
74
83-84
BOZEN
85-90
81-82
79-80
Kaltern
Moena
91-95
78
77
75
76
96-98
99-1
132
101-103
Cavalese
104-108
136
109-112
San
Martino
Monte Croce
2488
Cima d'Asta
2847
TRIENT

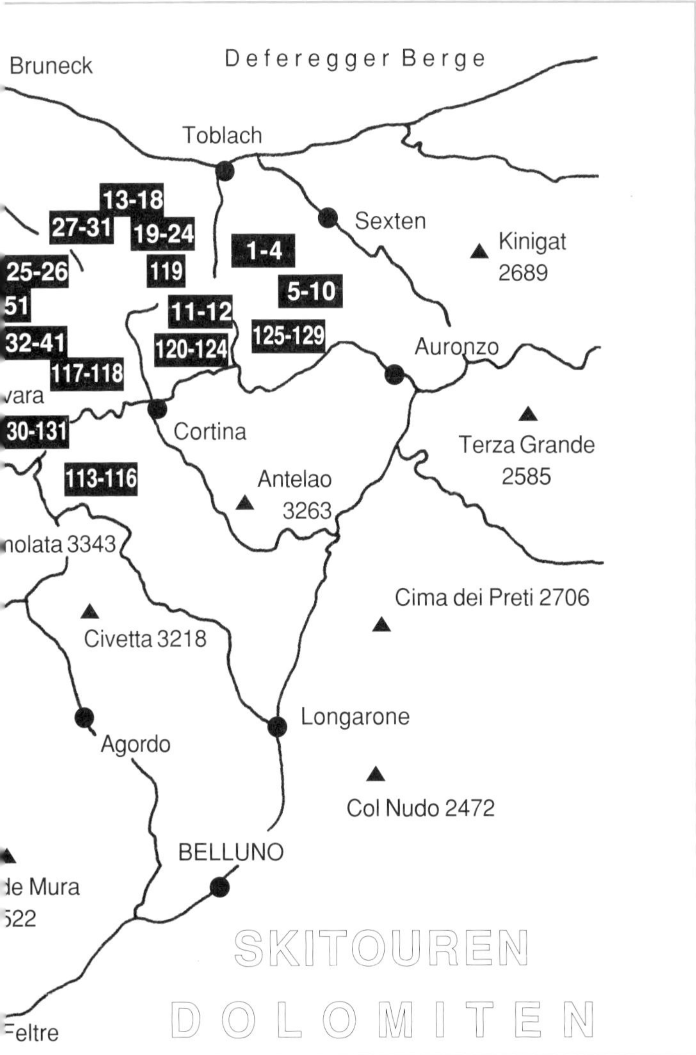
Bruneck
Deferegger Berge
Toblach
13-18
27-31
19-24
1-4
Sexten
Kinigat
2689
25-26
119
5-10
51
11-12
125-129
32-41
120-124
Auronzo
117-118
Cortina
Terza Grande
2585
113-116
Antelao
3263
Cima dei Preti 2706
Civetta 3218
Longarone
Agordo
Col Nudo 2472
BELLUNO
SKITOUREN
DOLOMITEN

Antelao – eine der großartigsten Berggestalten in den Dolomiten.

Vorwort

Die Dolomiten bieten nicht nur Kletterfahrten in allen Schwierigkeitsgraden, sondern auch großartige Skitouren. Die Anstiege führen neben bizarren Felstürmen oder eindrucksvollen Wänden zum Ziel, in aller Regel mit prachtvoller Aussicht auf berühmte Dolomitengipfel. Unüberbietbar ist in den Dolomiten allerdings auch die Erschließung durch Aufstiegshilfen. Mit einem einzigen Skipaß, dem »Dolomiti Superski«, kann man fast 500 (!) Aufstiegshilfen und über 1000 km Pisten benützen. Mit Recht sprechen die Betreiber vom »größten Skikarussell der Welt«. Die Erschließungen betreffen jedoch schwerpunktmäßig bestimmte Bereiche, z.B. den Talkessel von Cortina d`Ampezzo oder das Grödental. Daneben gibt es zahlreiche unberührte Landschaften wie die Fanes oder das Campilltal.
Die Dolomiten sind ein großes Gebiet, flächenmäßig z.B. größer als Ötztaler und Stubaier Alpen zusammen. Sie bieten trotz der vielen Aufstiegshilfen eine unglaubliche Anzahl von Skitouren. Im Laufe von Jahrzehnten haben wir Hunderte verschiedene Anstiege in diesem herrlichen Gebiet begangen – teils beruflich im Rahmen von Ausbildungskursen im Tourenskilauf am Sportinstitut der Universität Innsbruck, teils privat – allein oder mit Freunden. Wollten wir sie alle beschreiben, kämen wir auf den uns zur Verfügung stehenden Seiten über eine bloße Aufzählung kaum hinaus. Wir mußten uns auf eine Auswahl beschränken. Dabei haben wir Gebiete bevorzugt, die uns selbst besonders gut gefallen und mußten selbst dort auf viele Touren verzichten. Über Geschmäcker läßt sich streiten – auch beim Tourenskilauf. Wir bitten daher um Verständnis, wenn ein Leser einen seiner Lieblingsgipfel vermißt und hoffen, daß er dafür neue Touren entdeckt und schätzen lernt.
Unserem Buch wünschen wir eine gute Aufnahme und den Benützern viel Freude auf den Skitouren in den Dolomiten, strahlende Sonne, stäubenden Pulverschnee oder zischenden Firn – und nicht zuletzt: eine gute Heimkehr!

Rudolf und Siegrun Weiss
Innsbruck, im September 1996

Einführung

Die Gliederung unseres Buches erfolgt nach Tälern. Die Anstiege im Bereich eines bestimmten Tales werden zu »**Tourenbereichen**« zusammengefaßt. Diese Zusammenfassungen sollen die Planung eines längeren Aufenthaltes erleichtern. Innerhalb von Tourenbereichen werden häufig Anstiege zusammengefaßt, die an einem bestimmten **Ausgangspunkt** beginnen.
Mitunter müssen Informationen eingeholt (z.B. Schneeverhältnisse, Lawinengefährdung, Hüttenbewirtschaftung) oder Quartiere bestellt werden. Zu diesem Zweck sind bei jedem Tourenbereich Anschriften und Telefonnummern der zuständigen **Fremdenverkehrsverbände** angeführt. Die Vorwahlnummer gilt für Anrufe aus Italien (Provinzen Südtirol, Trient, Belluno). Wer aus dem Ausland anruft, muß sich erst in das italienische Fernsprechnetz einwählen. Das erfolgt aus Österreich durch »0 40 «, aus der Bundesrepublik Deutschland und der Schweiz durch »00 39«. Die erste Null der italienischen Vorwahl wird bei der Wahl der Nummer weggelassen. Bei der Vorstellung der Tourengebiete findet der Benützer auch die wichtigen Hinweise auf das erforderliche Kartenmaterial.

KURZBESCHREIBUNGEN

Die Kurzbeschreibungen liefern für jede Tour in knapper Form die wichtigsten Angaben: Höhenmeter, Anstiegszeit, skitechnische und klettertechnische Schwierigkeit, Lawinengefährdung, Hauptrichtung der Abfahrt und günstige Zeit.
Die **Gehzeiten** sind knapp berechnet und werden nur bei gutem Trainingszustand und günstigen Bedingungen (z.B. keine schwere Spurarbeit, keine »Wolke« von einem Rucksack) erreicht werden. Nicht eingeschlossen sind Rastpausen und Zeit für verschiedene Manipulationen wie Felle ab- und aufziehen bei Gegenanstiegen.
Die **skitechnischen Schwierigkeiten** hängen von der Steilheit des Geländes und vom Spielraum ab, den ich für meine Schwünge habe. Die Schneeverhältnisse bedingen die Schwie-

rigkeiten in hohem Maße mit. Sie können natürlich nicht berücksichtigt werden. Der Benützer dieses Tourenführers muß selbst entscheiden, ob die Verhältnisse als »normal«, »ungewöhnlich günstig« oder »ungünstig« zu betrachten sind. Im »Normalfall« verstehen wir

- unter »**leicht**« einen Anstieg, der keine Hänge mit einer Steilheit von mehr als 30 Grad und keine Engstellen aufweist. Selbst diese Anstiege setzen eine gute Skitechnik voraus, und »leicht« bedeutet nicht, daß man sie mit einem »Schneepflugkönnen« befahren sollte.
- unter »**mittelschwierig**« Anstiege, die Steilhänge bis zu 35 Grad aufweisen. Steilhänge werten wir als solche, wenn sie sich über mindestens 50 Höhenmeter erstrecken.
- unter »**schwierig**« Anstiege mit Steilhängen bis zu 40 Grad, die auch bei günstigen Verhältnissen ein hervorragendes skiläuferisches Können erfordern, wenn die Abfahrt nicht zur Qual oder sogar zur Gefahr werden soll!

Engstellen, die den **Spielraum für die Schwünge** einschränken, können durch ein Bachbett geschaffen werden, durch einen Hohlweg, einen steilen Wald oder eine schmale Rinne. In diesen Fällen wird die Schwierigkeit um eine Stufe »aufgewertet«.
Das skiläuferische Können der Tourengeher hat zugenommen. Deshalb wurden gelegentlich auch ungewöhnlich steile Abfahrten aufgenommen. Derartige Abfahrten werden als »**sehr schwierig**« bezeichnet. Auch wenn solche Abfahrten häufig befahren werden und mitunter sogar zu einer Art Piste eingefahren sind (z.B. Abfahrt vom Gipfel des Piz Boè oder die Einfahrt ins Mittagstal), sollte man sich stets bewußt bleiben, daß sie nicht nur gutes skitechnisches Können, sondern auch günstige Verhältnisse erfordern, wenn man sie mit vertretbarem Risiko befahren möchte.
Auch **klettertechnische Schwierigkeiten** spielen eine Rolle. Manche Skitouren in den Dolomiten erfordern einen erprobten Skibergsteiger, der auch leichten Klettereien gewachsen ist. Wir unterscheiden:

- Kann ein Gipfel mit Ski oder zu Fuß ohne Klettern erreicht werden, bezeichnen wir ihn als »**unschwierig**«. (Diese Einstufung gilt für Geübte!)

Blick aus der Forcella Nevaiolo zur eindrucksvollen Hohen Gaisl und zum gemütlichen Dürrenstein.

- Die Bezeichnung »**leichte Kletterei**« umfaßt Schwierigkeiten, die bis zum I. Schwierigkeitsgrad (im Sommer!), ganz selten bis zum II. Schwierigkeitsgrad reichen können und in Kletterführern als »wenig schwierig« oder »leicht« bzw. als »mäßig schwierig« bezeichnet werden. Dabei darf nicht übersehen werden, daß die tatsächliche Schwierigkeit bei winterlichen Bedingungen stark von den augenblicklichen Verhältnissen (Schneelage, Vereisung) abhängt, die der Benützer selbst einschätzen muß.

Noch schwierigere Gipfelanstiege wurden nicht aufgenommen, weil solche Unternehmungen nur mehr mit Vorbehalt als »Skitouren« zu werten sind.

Eine verläßliche Aussage über die **Lawinengefahr** ist in einem Skiführer nicht möglich. Eine an sich lawinensichere Tour kann nach einem starken Schneefall mit Windverfrachtung gefährlich sein, eine lawinenbedrohte Steilrinne im späten Frühjahr und nach einer kalten Nacht völlig sicher. In diesem Sinne gibt es weder eine »lawinensichere« noch eine »lawinengefährdete« Tour. Die Angaben über die Lawinengefahr können sich nur auf die Wahrscheinlichkeit von Lawinenabgängen im Laufe eines Winters beziehen. In diesem Sinne bedeutet:

- »**kaum gefährdet**«, daß dieser Anstieg fast an jedem Tag des Tourenwinters begangen werden kann.
- »**mitunter gefährdet**«, daß für diesen Anstieg einigermaßen günstige Verhältnisse erforderlich sind, daß ich z.B. nach einer weiten Anreise nicht sicher sein kann, diese Tour tatsächlich unternehmen zu können.
- »**häufig gefährdet**«, daß der Anstieg nur bei besonders günstigen Bedingungen unternommen werden kann. Anstiege dieser Art müssen in Wintern mit schlechtem Schneedeckenaufbau unter Pulverschnee-Bedingungen gemieden werden und erfordern selbst im Frühjahr Vorsicht (kalte Nacht, rechtzeitige Abfahrt).

Auskünfte über die allgemeine Lawinensituation können unter verschiedenen Rufnummern eingeholt werden:
Lawinenwarndienst Südtirol, Tel. 0471/271177
(Tonbanddienst)
Lawinenwarndienst Südtirol, Tel. 0471/994106
(pers. Beratung)
Lawinenbulletin Regione Trento, Tel. 0461/981012 (ital.)
Lawinenbulletin Regione Veneto, Tel. 0436/79221 (ital.)

Wir bitten die Tourenfreunde: Scheuen Sie sich nicht, das Ziel abzuändern, wenn Sie nach der Ankunft am Ausgangspunkt erfahren, daß die Verhältnisse nicht so günstig sind, wie Sie es sich bei der Tourenplanung vorgestellt haben! Überlegen Sie schon am Schreibtisch zusätzlich eine »gemütlichere« Ersatztour, der Verzicht auf die geplante rasante Abfahrt fällt dann leichter!
Aus der **Hauptrichtung der Abfahrt** kann der erfahrene Tourengeher schließen, in welchem Monat, bei welchen Schnee- und Wetterverhältnissen gute Wahrscheinlichkeit für einen ungetrübten Abfahrtsgenuß besteht.

Als »**günstige Zeit**« betrachten wir die Monate, in denen ein bestimmter Gipfel im Normalfall bestiegen werden kann. Dabei handelt es sich natürlich nicht um verbindliche Richtlinien. In einem schneereichen Winter können manche Touren durchaus schon einen Monat früher unternommen werden. Andererseits ist es immer möglich, auch noch später zu einem Gipfel aufzusteigen. Das bringt bei steilen und schwierigen Touren größere Sicherheit, erfordert aber mitunter eine Anstiegsstunde (oder mehr) im aperen Gelände mit aufgeschnallten Ski.

ROUTENSKIZZEN UND LANDKARTEN

Die Routenführungen in den Skizzen wurden mit großer Genauigkeit und Sorgfalt erstellt. Der Leser darf sich nicht verunsichern lassen, wenn ein Gipfel auf seiner Karte etliche Meter höher oder niedriger ist als auf der Routenskizze – die Höhenangaben in den Karten sind nicht einheitlich.
Bei jedem Tourengebiet haben wir die genaueste Landkarte (Maßstab 1:25 000) angegeben, die für diesen Bereich zur Verfügung steht. »Wanderkarten« im Maßstab 1:50 000 werden gleichfalls angeführt. Sie sind übersichtlich und eignen sich für die Tourenplanung. Nützlich sind sie auch, weil sie (aufgrund der größeren Verbreitung) häufiger überarbeitet werden und insbesondere Aufstiegshilfen, Straßen und Forstwege auf den neuesten Stand gebracht wurden. Bei guter Sicht und/oder verläßlichen Spuren reichen sie oft auch für die Durchführung der Skitour aus.
Die **Carta d`Italia** im Maßstab 1:25 000 (amtliche Karte, früher »Militärkarte« genannt) ist die genaueste für unser Gebiet, steht allerdings den AV-Karten oder den Landeskarten der Schweiz weit nach. Bei der Benützung dieser Karten darf man nicht übersehen, daß die Höhenschichtlinien 25 m voneinander entfernt sind (üblich sind 20 m). Man neigt dadurch dazu, die Steilheit des Geländes zu unterschätzen. Ein weiterer Nachteil: Die Carta d`Italia verwirrt deutschsprachige Benützer durch die ausschließliche Verwendung (oft sehr plump oder falsch) italiani-

Windverblasener Schnee beim Anstieg zur Gusela.

sierter Bezeichnungen. Die Blätter sind zudem sehr klein, so daß eine große Anzahl mitgenommen werden muß, wenn man einen längeren Aufenthalt in einem »ertragreichen« Tourengebiet plant. Schnittpläne und Karten sind in Südtirol, Trient oder Belluno in größeren Buchhandlungen erhältlich. In Österreich oder Deutschland werden sie auf Wunsch bestellt.

Tabacco Wanderkarten 1:25 000 beruhen auf der Carta d`Italia, sind aber benützerfreundlicher durch die Farbgestaltung, durch die Angabe auch der deutschsprachigen Namen, durch zahlreiche wichtige Hinweise (z.B. genaue Einzeichnung des Beginns von Fahrverboten bei Forststraßen). Wir haben sie deshalb stets als genaue Karte angeführt, wenn ein Blatt zur Verfügung stand. Es handelt sich um die Blätter 03 Cortina d`Ampezzo e Dolomiti Ampezzane, 05 Gröden und Seiseralm, 06 Val di Fassa e Dolomiti Fassane, 07 Hochabtei und Livinallongo, 016 Dolomiti del Centro Cadore, 010 Sextener Dolomiten, 014 Val di Fiemme, Lagorai, Latemar, 015 Marmolada, Pelma, Civetta, Moiazza, 017 Dolomiti di Auronzo e del Comelico und 022 Pale di San Martino.

Auch **GEOgrafica-Wanderkarten** im Maßstab 1:25 000 beruhen auf der der Carta d`Italia. Schutzhütten und Wanderwege sind rot eingezeichnet, das erleichtert die Orientierung. Erfreulich ist auch, daß auf Südtiroler Gebiet neben der offiziellen italienischen auch die deutschen ursprünglichen Bezeichnungen aufscheinen. Die Felszeichnung ist jedoch nicht besonders gut gelungen.

Eine **AV-Karte** 1:25 000 gibt es leider nur für einen kleinen Teil unseres Gebietes: Nr. 52/1b Langkofel- und Sellagruppe (mit Skirouten).

Freytag & Berndt Wanderkarten 1:50 000 eignen sich für die Planung einer Skitour, aber auch für die Durchführung, wenn es sich um orientierungsmäßig einfache Anstiege bei guter Sicht handelt. Dasselbe gilt für **Kompaß Wanderkarten** 1:50 000, in die wichtige Skirouten eingezeichnet sind.

Auch von **Tabacco** gibt es Blätter im Maßstab 1:50 000 und drei »Skikarten«. Hier sind nicht nur die Aufstiegshilfen und Pisten eingezeichnet, sondern auch wichtige Skirouten, vor allem Übergänge.

WALD UND WILD

Die Bewegungsfreiheit des Tourengehers wird in den Dolomiten derzeit wenig eingeschränkt. Wir bitten alle Tourengeher, sich dem Wald und dem Wild gegenüber rücksichtsvoll zu verhalten, um das im allgemeinen gute Einvernehmen mit anderen Naturnützern (Waldbesitzern und Jägern) nicht zu gefährden. Es sollte sich von selbst verstehen, daß Aufforstungen umfahren werden, um die jungen Bäumchen nicht mit den Stahlkanten zu gefährden; daß dichter Wald gemieden wird, der dem Wild Einstand bietet; daß in Zweifelsfällen eine Forststraße für Aufstieg und Abfahrt benützt wird.

Skitouren im Pustertal

»Pustertal« nennt man das Rienztal von der Mühlbacher Klause über das Toblacher Feld hinaus bis zur Lienzer Klause im Drautal. Das Tal erreicht man von Innsbruck über den Brenner. Vor Brixen verläßt man die Autobahn. Von Mühlbach bis nach Bruneck, dem Hauptort des Tales sind es 26 km, von Bruneck über Toblach und Innichen bis zur Staatsgrenze bei Winnebach weitere 40 km. Seltener dürfte die Anreise über Osttirol gewählt werden: Felbertauern – Lienz – Innichen.
Das Haupttal ist für den Tourenskilauf nicht besonders ergiebig. Die Flanken im unteren Teil des Tales sind steil und stark bewaldet. Der Kronplatz im mittleren Teil, ein idealer Skiberg, ist von Bruneck, Enneberg und Olang her mit Aufstiegshilfen erschlossen. Im oberen Teil gibt es bei Innichen (»Haunold-Lift«) und ganz in der Nähe, bei Vierschach (»Helm-Lifte«) Pistenskigebiete. Großartig sind jedoch die Möglichkeiten in den Seitentälern, im Pragser und im Sextental, bescheidener im Höhlensteintal. Das Gadertal bietet derart viele Tourenmöglichkeiten, daß es aus Gründen der Übersichtlichkeit in einem eigenen Abschnitt dargestellt wird.

Tourenbereich Sexten – Sextental

Besonders beeindruckend sind in diesem Tourenbereich die schroffen Felstürme, zwischen denen steile Kare bis zu den Scharten führen. Gipfel können selten bestiegen werden. Großartig ist jedoch die Aussicht auf diese berühmten Felstürme, etwa auf die »Sextener Sonnenuhr« – Neuner, Zehner, Elfer, Zwölfer, Einser.

Anreise Von Innichen im Haupttal nach Sexten (7 km).

Karten Im Maßstab 1:25 000 Tabacco Blatt 010 (Sextener Dolomiten, Hochpustertal). Im Maßstab 1:50 000 Freytag & Berndt WK S3 (Pustertal, Bruneck, Drei Zinnen) oder S10 (Sextener Dolomiten, Ampezzo, Marmarole); Kompaß Nr. 58 (Sextener Dolomiten).

Auskünfte und Zimmernachweis Verkehrsamt I-39030 Sexten, Tel. 04 74-7 03 10 und 7 03 88.

Hochebenkofel (2905 m)

1

Einer der wenigen Gipfel in den Sextener Dolomiten, die mit Ski bestiegen werden können

Touren Steckbrief

Höhenunterschied: 1400 Hm
Zeit: 4 1/2 Std.
Schwierigkeit: Mittelschwere Skitour, klettertechnisch unschwierig. Mitunter lawinengefährdet. Abfahrt vorwiegend Südost, Nord.
Beste Jahreszeit: Februar bis Mai.

Ziemlich genau in der Mitte zwischen Innichen und Sexten zweigt die Fahrstraße in das Innerfeldtal ab. Im Frühjahr kann man weit in dieses Tal hineinfahren, günstigenfalls bis zum Parkplatz bei einer Schranke (1509 m). Auf der (für den allgemeinen Verkehr gesperrten) Straße weiter zur Dreischusterhütte (1626 m, Sektion Drei Zinnen des AVS, Sommerbewirtschaftung). Weiter in sanftem Anstieg talein. Bei einer Talgabelung (Ende des Fahrweges, 1693 m) hält man sich rechts. In wechselnder Steilheit durchsteigt man das lange Tal bis unterhalb der Lückelescharte. Nun rechts haltend und über eine Steilstufe zu der unerwartet geräumigen Hochfläche mit dem Gipfel.

2

Birkenkofel (2922 m) Gute Bergsteiger können diesen etwas höheren Gipfel über die Gratverbindung ersteigen (1/4 Std., ab Skidepot leichte Kletterei, etwas ausgesetzt, bei Schneelage oder Vereisung heikel).

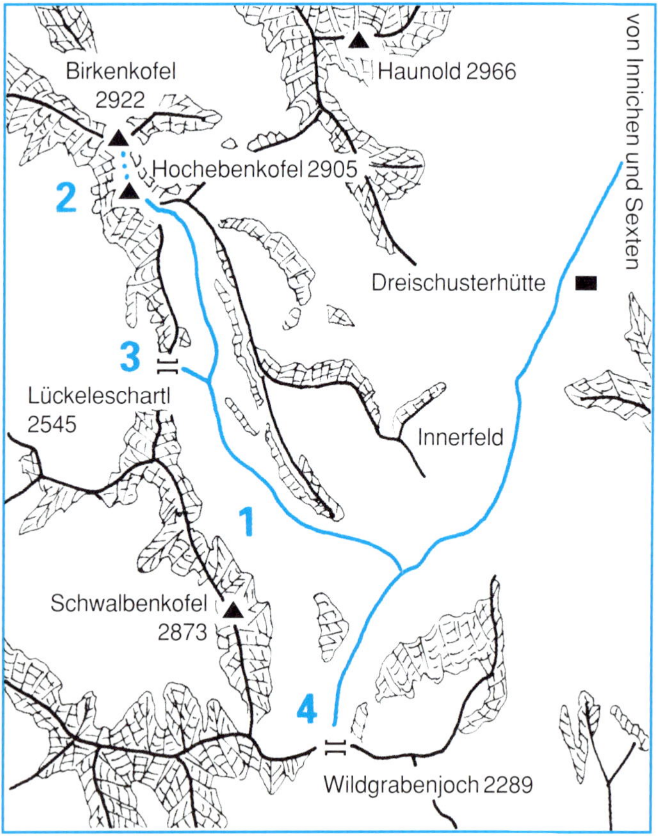

Lückelescharte (2545 m) 3

In einer Höhe von 2400 m (rechts ganz nahe die Felsen des Unterebenkofels) zweigt man nach links ab und erreicht über einen kurzen Steilhang Richtung West die Scharte. 3 Std.

Wildgrabenjoch (2289 m) 4

Leichtes und kurzes Ausweichziel, wenn Verhältnisse oder Kondition für den Hochebenkofel nicht ausreichen. Auf dem Anstieg zum Hochebenkofel, bis diese Route nach rechts abbiegt. Hier weiter Richtung Süd. Man steigt durch eine wunderschöne, allmählich etwas enger und steiler werdende Mulde zum Joch auf. Etwa 3 Std.

Sextner Stein (2539 m) 5

Unbedeutener Gipfel in wahrlich großartiger Umgebung – unmittelbar gegenüber den Nordwänden der Drei Zinnen

Touren Steckbrief

Höhenunterschied: 1100 Hm
Zeit: 3 Std.
Schwierigkeit: Leichte Skitour, klettertechnisch unschwierig. Kaum lawinengefährdet. Abfahrt vorwiegend Ost, Nord.
Beste Jahreszeit: Dezember bis April.

Von Sexten-St. Veit nach Moos (1 km). Hier zweigt die Fahrstraße ins Fischleintal ab. Über Bad Moos erreicht man das Ende der auch im Winter gut geräumten Straße beim Dolomitenhof. Großer Parkplatz (1454 m).
Mit geringem Höhengewinn wandert man – stets mit prachtvoller Aussicht! – durch den weiten Talboden zur Talschlußhütte (1526 m). Geradeaus ginge es nun ins Bacherntal. Wir biegen

Paternkofel vom Anstieg zum Sextner Stein. Wegen der leichten Ersteigbarkeit dieses Gipfels (Klettersteig) wirbelig im Sommer, hier im »Winterschlaf«.

jedoch nach rechts ein und steigen durch das Altensteintal zu den weiten Böden der Bodenalpe auf. Vor sich sieht man nun den im Ersten Weltkrieg heiß umkämpften Toblinger Knoten (2617 m). Wir halten auf eine Einsattelung zwischen diesem auffallenden Felsturm und dem gemütlicheren Sextner Stein zu. Aus dieser Einsattelung über den Nordrücken unschwierig zum höchsten Punkt. (Südöstlich von unserem Gipfel, beim Toblinger Riedel, steht die große Dreizinnenhütte der Sektion Padua des CAI, 2406 m. Sommerbewirtschaftung, Winterraum mit 6 Lagern.)

Schusterplatte (2957 m) 6

Touren Steckbrief

Höhenunterschied: 1500 Hm
Zeit: 5 Std.
Schwierigkeit: Schwierige Skitour, ab Skidepot leichte Kletterei. Mitunter lawinengefährdet. Abfahrt vorwiegend Südwest, Südost, Ost.
Beste Jahreszeit: Februar bis Mai.

Wie bei R 5 durch das Altensteintal in die große Mulde, in der die Bödenseen eingelagert sind. Noch vor dieser Mulde hält man sich ganz rechts, um keine Höhe zu verlieren. Im weiteren Verlauf des Anstiegs gilt es, durch geschickte Routenführung kleine Felsabbrüche zu umgehen. In mehreren Stufen, die von sanfteren kurzen Abschnitten gefolgt sind, steigt man auf die Altensteinscharte zu. Etwas unterhalb der Altensteinscharte biegt man bereits nach links ab. Über eine Art Rampe, dann uber den Südostrücken ohne besondere Schwierigkeiten zum Gipfel. Die Schusterplatte ist eines der wenigen hohen Ziele in den Sextener Dolomiten, die mit Ski erreicht werden können.

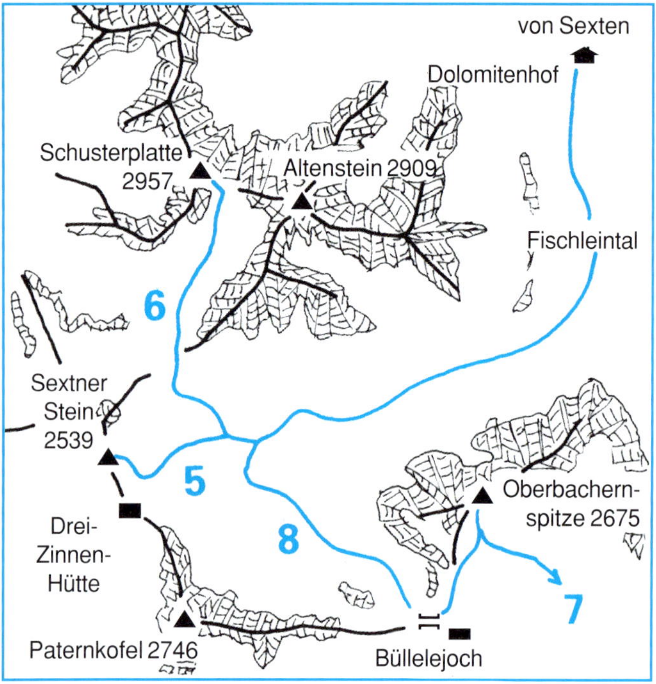

Im Altensteintal, am Beginn des Anstiegs zur Schusterplatte. Der Anstieg ist im unteren Teil flach und zieht sich – die zunehmend schöne Aussicht entschädigt.

7 Mittlere Oberbachernspitze (2675 m)

Rassige Skitour auf einen großartigen Aussichtsberg

Touren Steckbrief

Höhenunterschied: 1250 Hm
Zeit: 4 Std.
Schwierigkeit: Mittelschwere Skitour, klettertechnisch unschwierig. Mitunter lawinengefährdet. Abfahrt vorwiegend Südost, Ost, Nord.
Beste Jahreszeit: März bis Mai.

Wie bei R 5 zur Talschlußhütte. Nun jedoch weiter Richtung Süd ins Bacherntal, ein enges V-Tal, das insbesondere nach stärkeren Schneefällen oder Erwärmung lawinengefährdet ist. Nach diesem etwas heiklen Teil weitet sich das Tal. In einem Bogen erreicht die Zsigmondy-Comici Hütte (2224 m, Sektion Padua des CAI, Sommerbewirtschaftung, kein Winterraum). Über schöne Hänge, die von der Kanzel (2531 m) herabziehen, steigt man weiter an. In einer großen Schleife, zuerst nach links, dann nach rechts ausholend, erreicht man den Gipfelhang (Südhang) und über diesen das Metallkreuz auf dem Gipfel, bei günstigen Verhältnissen mit Ski.

Büllelejoch (links), dahinter der mächtige Zwölferkogel. Mit Ski erreicht man vom Büllelejoch die Mittlere Oberbachernspitze.

Büllelejoch (2522 m)

8

Längerer, aber weniger lawinengefährdeter Anstieg zur Oberbachernspitze

Touren Steckbrief

Höhenunterschied: 1100 Hm
Zeit: 3 1/2 Std.
Schwierigkeit: Mittelschwere Skitour, klettertechnisch unschwierig. Mitunter lawinengefährdet. Abfahrt vorwiegend Nordwest, Nordost.
Beste Jahreszeit: Januar bis Mai.

Wie bei R 5 durch das Altensteintal. Am Beginn der Mulde, in die die Bödenseen eingelagert sind, biegt man fast in die Gegenrichtung ab und quert oberhalb eines Felsabbruchs, bis man schon nahe bei der westl. Oberbachernspitze Richtung Südost

durch ein Tälchen zum Joch aufsteigen kann. Im Joch die kleine Büllelejochhütte (2528 m, privat, Sommerbewirtschaftung, kein Winterraum). Man kann auch schon weiter unten von der Route zum Sextner Stein nach links abzweigen.

9 Hochbrunner Schneid (3046 m)

Höchster und anspruchsvollster Skigipfel im Tourengebiet Sexten

Touren Steckbrief

Höhenunterschied: 1500 Hm
Zeit: 5 Std.
Schwierigkeit: Schwierige Skitour, ab Skidepot leichte Kletterei. Häufig lawinengefährdet. Abfahrt vorwiegend West, Nord.
Beste Jahreszeit: März bis Mai.

Wie bei R 5 zur Talschlußhütte und durch das Bacherntal. In etwa 1900 m Höhe folgt man bei der Talverzweigung dem linken Ast. Zuerst in der Rinne, dann nach links ausweichend, erreicht man das »Innere Loch«. Diesen schwierigen Teil des Anstiegs kann man umgehen, indem man über die Zsigmondy Comici Hütte ansteigt und den Hochleist gewissermaßen umrundet (1/2 Std. länger, kurze Zwischenabfahrt). Das Innere Loch wird zunehmend steil und eng. Man muß sich nach links abdrängen lassen und steigt nun in Richtung auf eine Scharte zwischen Zsigmondykopf und Hochbrunner Schneid auf. Noch unterhalb der Scharte biegt man nach rechts ab und erreicht über einen steilen Hang eine kleine Schulter. Spätestens hier Skidepot. Über felsdurchsetztes Gelände zum Gipfel.

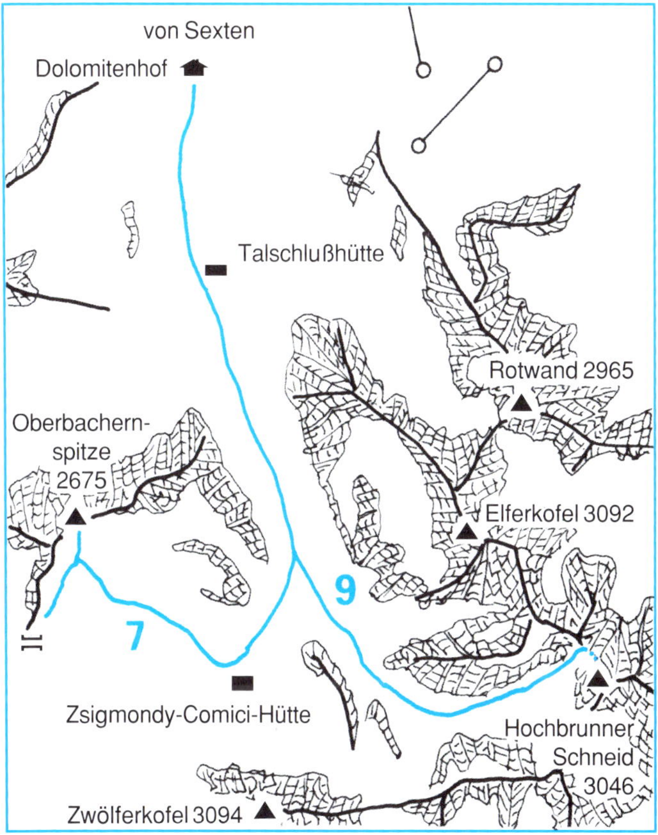
von Sexten
Dolomitenhof
Talschlußhütte
Rotwand 2965
Oberbachern-
spitze
2675
Elferkofel 3092
9
7
Zsigmondy-Comici-Hütte
Hochbrunner
Schneid
3046
Zwölferkofel 3094

Tourenbereich Höhlensteintal

Das Höhlensteintal zweigt nahe Toblach von der Hauptstraße ab. Die Flanken östl. und westl. des Tales sind steil und dicht bewaldet. Die Loipe ist deshalb mit Recht beliebter als die Skitouren.

Anreise Von Toblach zum alpinhistorisch bedeutsamen Schluderbach (14 km). 3 km weiter zur Provinzgrenze (Im Gemärk, 1529 m). Bei der Straßengabelung bei Schluderbach führt der linke Ast nach Misurina.

Karten Im Maßstab 1:25 000 Tabacco 010 (Sextner Dolomiten). Im Maßstab 1:50 000 Freytag & Berndt WK S10 (Sextener Dolomiten, Ampezzo, Marmarole); Kompaß Nr. 58 (Sextener Dolomiten) und Nr. 55 (Cortina d`Ampezzo).

Auskünfte und Quartiernachweis Verkehrsbüro I-39034 Toblach, Tel. 0474/7 21 32.

10 Umrundung der Drei Zinnen

Landschaftlich großartige Skiwanderung

Touren Steckbrief

Höhenunterschied: 1100 Hm
Zeit: 5 Std. für die gesamte Runde
Schwierigkeit: Mittelschwere Skitour, klettertechnisch unschwierig. Mitunter lawinengefährdet. Abfahrt vorwiegend Nord.
Beste Jahreszeit: Dezember bis Mai.

Auf der »Umrundung der Drei Zinnen« – Blick zur Cadinigruppe.

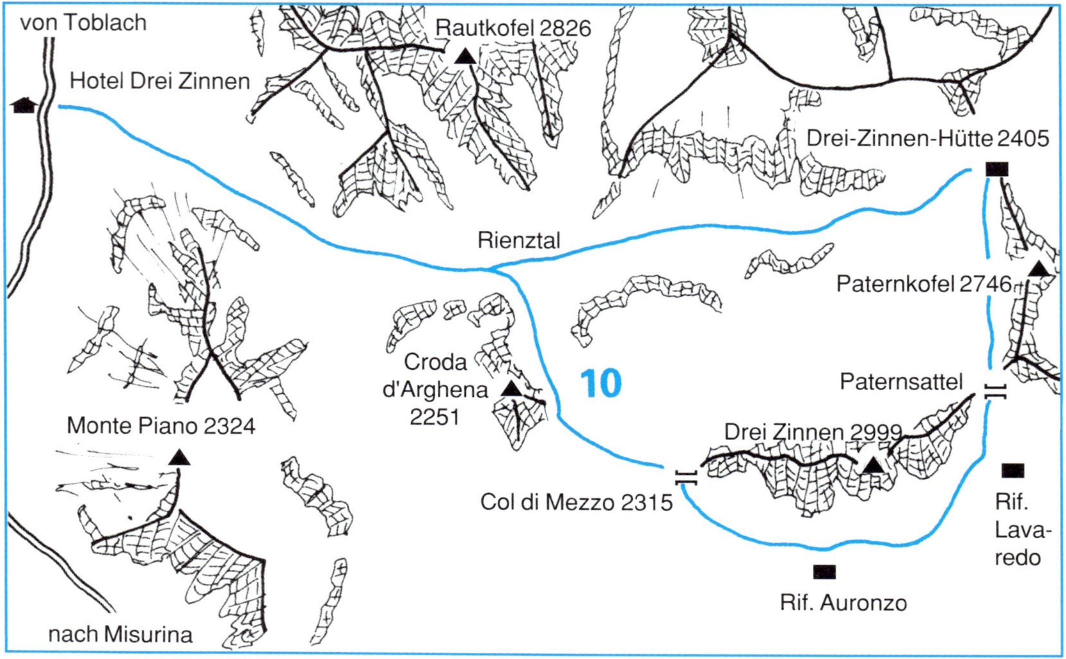
von Toblach
Hotel Drei Zinnen
Rautkofel 2826
Drei-Zinnen-Hütte 2405
Rienztal
Paternkofel 2746
Paternsattel
Croda d'Arghena 2251
10
Monte Piano 2324
Drei Zinnen 2999
Col di Mezzo 2315
Rif. Lavaredo
Rif. Auronzo
nach Misurina

Von Toblach zum Hotel Drei Zinnen, 10 km. Kurz nach dem Hotel Parkplatz (1406 m) an der linken Straßenseite.
Auf einem (nicht geräumten) Fahrweg in das Rienztal. Man verfolgt das Tal in Richtung Ursprung der Rienz. Vor einer felsdurchsetzten Steilstufe nach links, steil zur Hochfläche am Fuße der Nordwände der Zinnen, und nach einem kurzen Aufschwung zur Drei Zinnen Hütte (2405 m, Sektion Padua des CAI, Sommerbewirtschaftung, Winterraum mit 6 Lagern). Richtung Süd quert man nach einer kurzen Abfahrt unterhalb der Westflanke des Paternkofels und steigt zum Paternsattel (2454 m) auf. Abfahrt zum Rif. Lavaredo (2344 m, privat, Sommerbewirtschaftung, kein Winterraum). Unter den Südwänden der Zinnen auf einem Fahrweg zum Rif. Auronzo (2320 m, Sektion Auronzo des CAI, Sommerbewirtschaftung, kein Winterraum). Oberhalb der Fahrstraße von Misurina zum Rif. Auronzo zur Forcella del Col di Mezo (2324 m) queren. Über den behäbigen Rücken auf den Col di Mezo (2254 m) und zur Forcella de l'Arghena (2087 m). Hier folgt eine hübsche Abfahrt Richtung Nord zum Fahrweg und auf diesem zum Ausgangspunkt zurück.

Corno d'Angolo (2420 m) 11

Nur auf genauen Karten kotiert und bezeichnet

Touren Steckbrief

Höhenunterschied: 850 Hm
Zeit: 3 Std.
Schwierigkeit: Mittelschwere Skitour, ab Skidepot leichte Kletterei. Mitunter lawinengefährdet. Abfahrt vorwiegend Nordost.
Beste Jahreszeit: Dezember bis Mai.

Von Toblach zur Straßengabelung bei Schluderbach und 4 km in Richtung Misurina. Man parkt nach der zweiten Straßenbrücke über den Rio Popena, nach einer scharfen Linkskurve. Parkmöglichkeit nach der Brücke am linken Straßenrand (1659 m).

Vom Parkplatz zurück über die Brücke. In sanftem Anstieg durch das Tälchen. Über eine bewaldete Stufe ins weite Becken des Talschlusses (2109 m). Hier sieht man in der Mitte einen mächtigen Turm vor sich, den vorgeschobensten der Torri di Popena.

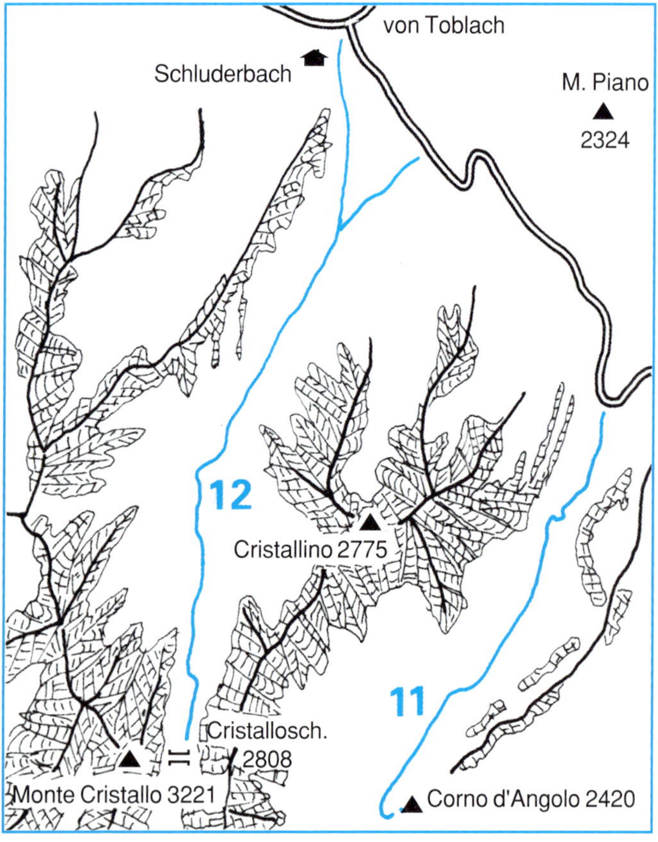

In südöstlicher Richtung in ein Kar und links (östlich) der Torri di Popena bis zu einer Einsattelung. Zu Fuß über einen kurzen, oft abgeblasenen Grat zum Gipfel.

Cristalloscharte (2808 m) 12

Eindrucksvoller Anstieg – nur für konditionsstarke Skibergsteiger

Touren Steckbrief

Höhenunterschied: 1400 Hm
Zeit: 4 Std.
Schwierigkeit: Schwierige Skitour, ab Skidepot leichte Kletterei. Häufig lawinengefährdet. Abfahrt vorwiegend Nord.
Beste Jahreszeit: April bis Mitte Juni.

Von Toblach zur Straßengabelung bei Schluderbach und etwa 1,5 km Richtung Misurina. Parkplatz unmittelbar vor der Brücke (Punta della Marogna, 1478 m).

Im nahezu ebenen Talboden zum Eingang in die Val Fonda. Ohne besondere Schwierigkeiten durch das Tal. Eine Engstelle wird links umgangen. Beim Talschluß gilt es, die »Schlüsselstelle« zu finden, die den Durchschlupf durch einen Felsgürtel ermöglicht, der das ganze Tal absperrt. Diesen Durchschlupf bietet eine steile Rinne an der linken Seite, die mit aufgeschnallten Ski durchstiegen wird. Wir erreichen eine weite Mulde und – immer in der Grundrichtung Süd ansteigend – die Reste des Cristallogletschers. Man steuert den östl. (linken) Rand des Gletscherflecks an, der sich zunehmend verengt. Zuletzt steil zur Scharte hinauf.

Tourenbereich Prags

Anreise Zwischen Welsberg und Niederdorf zweigt die gut ausgebaute Fahrstraße ins Pragser Tal ab. Sie gabelt sich nach 2,5 km. Der rechte Ast führt nach Prags und endet beim Pragser Wildsee, der linke Ast über Bad Altprags zum Gasthof Brückele (jeweils 6,5 km von der Straßengabelung bzw. 9 km von der Abzweigung aus dem Pustertal). Eine Bergstraße führt weiter zur Plätzwiesen.
Die Tourenmöglichkeiten sind zahlreich und vielfältig. Sie reichen von kurzen Genußtouren (z.B. Dürrenstein) bis zu schwierigen hochalpinen Unternehmungen (z.B. Seekofel).

Karten Im Maßstab 1:25 000 steht derzeit kein Kartenblatt zur Verfügung, das den gesamten Tourenbereich abdeckt. Für den Ausgangspunkt Plätzwiesen und mehrere Gipfel im südl. Bereich des Tourengebietes (z.B. Kleine Gaisl) verwendet man am besten die Tabacco 03 (Cortina d`Ampezzo), für die übrigen Ausgangspunkte die Blätter der Carta d'Italia 4B/III/S.E. (Villa Bassa), 4B/III/S.E. (Sorafurcia) und 12/IV/N.E. (Croda Rossa). Im Maßstab 1:50 000 Freytag und Berndt WK S3 (Pustertal, Bruneck, Drei Zinnen); Kompaß 57 (Bruneck, Toblach).

Auskünfte und Zimmernachweis Verkehrsbüro I-39030 Prags, Tel. 04 74/7 86 60.

Ausgangspunkt Hotel Pragser Wildsee (1494 m)
Das Hotel ist nur in der Sommersaison geöffnet. Große Parkplätze.

Senneser Karspitze (2659 m)

13

Skivergnügen in einem windgeschützen Nordkar

Touren Steckbrief

Höhenunterschied: 1200 Hm
Zeit: 4 Std.
Schwierigkeit: Mittelschwere Skitour, klettertechnisch unschwierig. Mitunter lawinengefährdet. Abfahrt vorwiegend Süd, Nord, Ost.
Beste Jahreszeit: Januar bis April.

Vom Hotel am westseitigen Ufer oder über den zugefrorenen See bis zu seinem Südende. Rechtwinkelig ins Grünwaldtal abzweigen. Man erreicht die Grünwaldalm (1590 m). Hier biegt man nach links ins Seitenbachtal ein. Zuerst links, dann rechts vom Bach durch Wald. Oberhalb der Waldgrenze nach links queren und zum Talschluß aufsteigen. Einen sperrenden Felsgürtel umgeht man rechts (steil!), hält sich dann wieder links und erreicht die Seitenbachscharte (2331 m). Von der Scharte quert man in die Südflanke des Gipfels und steigt zum höchsten Punkt auf.

14 Seekofel (2810 m)

Anspruchsvolle Skitour im Tourenbereich Prags

Touren Steckbrief-Fortsetzung

Höhenunterschied: 1300 Hm
Zeit: 4 ½ Std.
Schwierigkeit: Schwierige Skitour, ab Skidepot leichte Kletterei. Mitunter lawinengefährdet. Abfahrt vorwiegend Südost, Nordost, Nord.
Beste Jahreszeit: März bis Mai.

Seekofel – eine der anspruchsvollsten Skitouren im Bereich der Pragser Dolomiten.

Vom Hotel am westl. Ufer oder über den zugefrorenen See zu seinem Südende. Richtung Südost zunächst in mäßiger Steilheit, dann zunehmend steil und eng durch eine Rinne zum »Nabigen Loch«. Wenig später erreicht man den Seebel (kleiner Bergsee). Immer noch in der Grundrichtung Südost, dann aber scharf nach rechts (Richtung West) abbiegend, gelangt man in eine Mulde und erreicht aus dieser den Passo Sora al Forn (2388 m). Unterhalb dieser Scharte liegt die Seekofelhütte (2327 m, Sektion Treviso des CAI, Sommerbewirtschaftung, kein Winterraum). Mit aufgeschnallten Ski steil über den Südostgrat, dann wieder mit Fellen über den behäbigen und nur mäßig steilen Rücken bis zum Gipfelkreuz.

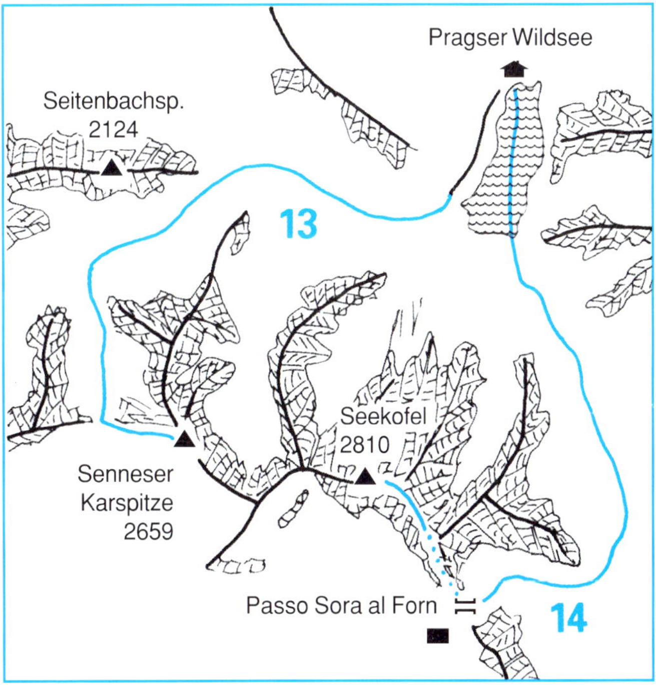

15 Rote Wand (2605 m)

Touren Steckbrief

Höhenunterschied: 1150 Hm
Zeit: 3 1/2 Std.
Schwierigkeit: Schwierige Skitour, ab Skidepot leichte Kletterei. Mitunter lawinengefährdet. Abfahrt vorwiegend Nordwest.
Beste Jahreszeit: Februar bis Mai.

Vom Hotel wie bei R 14 (Seekofel) zum Nabigen Loch. Am Seebel vorbei in Grundrichtung Süd zum Fossesriedl (Forcella di Cocadain, 2328 m). Zuerst über eine Steilstufe, dann umgeht man einen sperrenden Felsriegel rechts und erreicht über einen Rücken den Gipfel.

16

Kleine Gaisl (2859 m) Anspruchsvolle Skitour. Wie bei R 15 auf die Rote Wand und zum Nordwestrücken der Kleinen Gaisl. Über diesen Rücken erreicht man erstaunlich einfach den von Nord her abweisend wirkenden Gipfel.

Blick vom Großen Jaufen zu den Tofanen.

17 Großer Jaufen (2480 m)

Schöner Skigipfel mit vielfältigen Erweiterungsmöglichkeiten

Touren Steckbrief

Höhenunterschied: 1000 Hm
Zeit: 3 Std.
Schwierigkeit: Mittelschwere Skitour, klettertechnisch unschwierig. Mitunter lawinengefährdet. Abfahrt vorwiegend Süd, Nordwest.
Beste Jahreszeit: Januar bis Mai.

Vom Parkplatz beim Pragser Wildsee wie bei R 14 durch das Nabige Loch zum Seebel. Von diesem kleinen See an hält man sich etwas links, geht Richtung Südsüdost (vgl. R 15) durch sanftes Gelände bis zu einem Aufschwung, über den man eine ausgeprägte Hochfläche erreicht. Scharf nach links abbiegend Richtung Nordwest in sanftem Anstieg zum Gipfel.

18

Kleiner Jaufen (2372 m) vom Pragser Wildsee
Hält man sich nach dem Erreichen der Hochfläche rechts, erreicht man unschwierig den Kleinen Jaufen. 20 Min. kürzer.

Ausgangspunkt Gasthof Brückele, 1491 m
Bei der Straßengabelung den linken Ast wählen. 6,5 km von der Straßengabelung, 9 km von der Abzweigung aus dem Pustertal. Der Gasthof liegt etwas von der Straße entfernt hinter einem Wäldchen. Nächtigungsmöglichkeit, Tel. 04 74/7 86 13. Große Parkplätze.

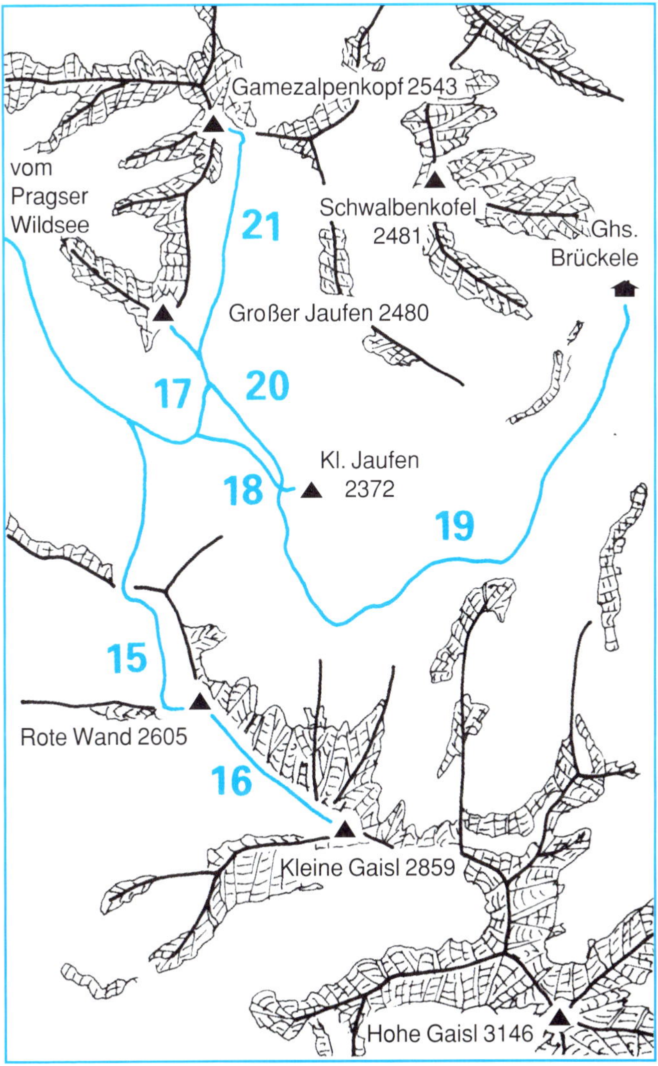
Gamezalpenkopf 2543
vom
Pragser
Wildsee
21
Schwalbenkofel
2481
Ghs.
Brückele
Großer Jaufen 2480
17
20
Kl. Jaufen
2372
18
19
15
Rote Wand 2605
16
Kleine Gaisl 2859
Hohe Gaisl 3146

19 Kleiner Jaufen (2372 m)

Vom Gasthof Brückele

Touren Steckbrief

Höhenunterschied: 900 Hm
Zeit: 3 Std.
Schwierigkeit: Mittelschwere Skitour, klettertechnisch unschwierig. Mitunter lawinengefährdet. Abfahrt vorwiegend Nordost.
Beste Jahreszeit: Januar bis Mai.

Vom Parkplatz beim Gasthof Brückele auf einem Fahrweg Richtung Südwest ins Tal des Kaserbaches. Noch bevor das Bachtal scharf nach rechts (Nordwest) abbiegt, verläßt man es nach links und steigt über einen ziemlich steilen Hang auf. Nach rechts quert man - wie Sommerweg – einen steilen Hang (heikel, u.U. lawinengefährdet). Man erreicht eine Hochfläche, aus der man, allmählich wieder über steileres Gelände, die Roßalpe (mehrere Hütten, 2164 m) ansteuert. Richtung Nordwest zum Gipfel.

20 Großer Jaufen (2480 m) vom Gasthof Brückele

Wie bei R 19 zu der Einsattelung unterhalb des Kleinen Jaufen. Den sanft geneigten Gipfelhang läßt man rechts liegen, erreicht die Hochfläche und wie bei R 17 den Gipfel.

21 Gamezalpenkopf (2543 m) und Großer Roßkopf (2559 m)

Wie bei R 19 zur Einsattelung unterhalb des Kleinen Jaufen. Auf die Hochfläche, die man Richtung Nord überquert. Durch ein breites Tal zum Gamssattel (2448 m). Etwas steil, aber unschwierig, nach links zum Gamezalpenkopf, nach rechts zum Großen Roßkofel. Etwa 1 Std. länger als zum Kleinen Jaufen.

Auf dem Anstieg zum Kleinen Jaufen.

Ausgangspunkt Gasthof Plätzwiese, 1993 m

Bei der Straßengabelung nach links, zum Gasthof Brückele, dann auf einer Bergstraße zum Gasthof Plätzwiese (11 km von der Straßengabelung, 13,5 km von der Abzweigung aus dem Pustertal). Die Straße ist durchgehend asphaltiert und wird geräumt, doch ist nach stärkeren Schneefällen eine Anfrage empfehlenswert (Tel. 04 74/7 86 50). Schneeketten oder Allradantrieb mitunter notwendig. Am südl. Ende der Plätzwiese liegt eine weitere Unterkunft: Dürrensteinhütte (privat, Tel. 04 74/7 25 05), dazwischen ein Dreisterne-Hotel (»Hohe Gaisl«).

22 Dürrenstein (2839 m)

Bekannteste und beliebteste Skitour im Tourengebiet Prags

Touren Steckbrief

Höhenunterschied: 900 Hm
Zeit: 2 1/2 Std.
Schwierigkeit: Mittelschwere Skitour, klettertechnisch unschwierig. Mitunter lawinengefährdet. Abfahrt vorwiegend Süd.
Beste Jahreszeit: Januar bis Mai.

Vom Gasthof Pätzwiese Richtung Nord über die Wiesen und zur Baumgrenze. Eine gewaltige Flanke führt – bei guter Sicht keine Orientierungsschwierigkeiten – zu einem Vorgipfel. Über eine Scharte und einen Gratrücken (Vorsicht: Rechts Wächten!) zum Gipfelkreuz, das man bei günstigen Verhältnissen mit Ski erreicht.

Der letzte Teil des Anstieges zum Dürrenstein führt fast eben über einen Grat zum mächtigen Gipfelkreuz.

IM
KREUZ
IST
HEIL

23 Helltaler Schlechten (2711 m)

Großartige Abfahrt wie vom Dürrenstein, doch viel einsamer

Touren Steckbrief

Höhenunterschied: 750 Hm
Zeit: 2 Std.
Schwierigkeit: Mittelschwere Skitour, klettertechnisch unschwierig. Mitunter lawinengefährdet. Abfahrt vorwiegend Südwest.
Beste Jahreszeit: Dezember bis Mai.

Vom Gasthof Plätzwiese kurz Richtung Nordost bis zu einem Bachtälchen. Rechts von diesem Tälchen, kleinen Felsabbrüchen ausweichend, in der Grundrichtung Nordost weiter, zuletzt über den Südrücken zum Gipfel.

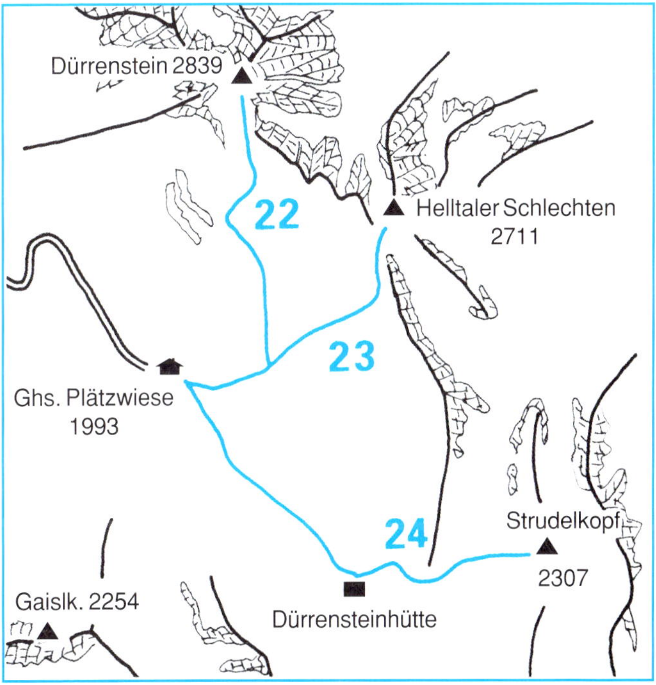

»Heimkehrerkreuz« auf den Strudelköpfen. Im Hintergrund Monte Cristallo, Cristalloscharte und Monte Popena.

24 Strudelkopf (2307 m)

Aussichtsreiche Skiwanderung, u. a. prachtvoller Blick auf die Nordwände der Drei Zinnenn

Touren Steckbrief

Höhenunterschied: 300 Hm
Zeit: 2 1/2 Std.
Schwierigkeit: Leichte Skitour, klettertechnisch unschwierig. Kaum lawinengefährdet. Abfahrt vorwiegend Südwest.
Beste Jahreszeit: Dezember bis Mai.

Vom Gasthof Plätzwiese Richtung Südost zur Dürrensteinhütte. Entweder unmittelbar oder in einer großen Schleife über eine alte Militärstraße zum Strudelkopfsattel (2200 m). Über sanftes Gelände Richtung Ost geht es dann zum Gipfel. Großes »Heimkehrerkreuz«.

Skitouren im Gadertal

Bei St. Lorenzen, 4 km westlich von Bruneck gelegen, verläßt man das Pustertal Richtung Süd ins Gadertal (Abteital, Alta Badia). Das Tal ist eine der bedeutenden ladinischen Sprachinseln in den Dolomiten. Für den Tourengeher bietet das Gadertal überaus zahlreiche Möglichkeiten. Um die Übersicht zu wahren, gliedern wir dieses Gebiet daher in mehrere Tourenbereiche.

Tourenbereich Rautal – Sennes – Fanes

Durch das Rautal gelangt man nach Pederü (1548 m) und damit in das Zentrum dieses großartigen Skitourengebietes. Von hier Aufstieg zur Senneshütte, vor allem aber in das Tourenparadies von Klein Fanes (Faneshütte, Lavarellahütte).

Karten Im Maßstab 1:25 000 Tabacco Blatt 03 (Cortina d'Ampezzo); für den nördlichsten Teil des Tourengebietes zusätzlich Carta d'Italia 4B/III/S.O. (Sorafurcia). Im Maßstab 1:50 000 Freytag & Berndt WK S3 (Pustertal, Bruneck, Drei Zinnen) für den nördlichen, WK S5 (Cortina d`Ampezzo) für den südlichen Teil; Kompaß Nr. 55 (Cortina d'Ampezzo); für den nördlichsten Teil des Tourengebietes zusätzlich Nr. 57 (Bruneck – Toblach).

Auskünfte und Zimmernachweis Fremdenverkehrsamt I-39030 St. Vigil-Enneberg, Tel. 04 74-5 10 37

Ausgangspunkt Pederü (1545 m)
Von der Abzweigung aus dem Haupttal bei Zwischenwasser 4 km nach St. Vigil und weitere 12 km zur Pederühütte.
Ab St. Vigil teilweise schmale, aber gut ausgebaute Straße. Auch im Winter befahrbar, doch sind nach stärkeren Schneefällen trotz der geringen Steigung Schneeketten empfehlenswert. Großer Parkplatz am Ende der Fahrstraße.
Die Pederühütte, eigentlich ein ansehnliches Berghotel, ist von Weihnachten bis gegen Ende April geöffnet. Privatbesitz. Nächtigungsmöglichkeit (24 Betten), Restaurant. Anschrift: I-39030 St. Vigil, Tel. 04 74/50 10 86.

25 Äußere Eisengabelspitze (2534 m)

Ladinisch »Furcia dai Fers« – reizvolle Skitour in prachtvoller Dolomitenlandschaft

Touren Steckbrief

Höhenunterschied: 1000 Hm
Zeit: 3 Std.
Schwierigkeit: Schwierige Skitour, ab Skidepot leichte Kletterei. Mitunter lawinengefährdet. Abfahrt vorwiegend Süd, Südost.
Beste Jahreszeit: Februar bis April.

Auf der breiten Ratrakspur, die zur Fanishütte führt, zum Scheitelpunkt der Straße kurz vor der Ebene mit dem See. Nach rechts abzweigen. Sehr flach in Richtung Nordwest, dann steil durch das schluchtartig eingeschnittene Tälchen, den sogenannten »Trichter«. Nach diesem Steilstück weniger anstrengend Richtung West zu einer Einsattelung zwischen der Inneren und der Äußeren Eisengabelspitze. Nach rechts steigt man über den Gratrücken so weit wie möglich mit Ski auf. Das Skidepot kann meist knapp unter dem felsigen Vorgipfel errichtet werden, über den man unschwierig den Hauptgipfel erreicht. Oder: Man steigt bei der Talgabelung weiter in Richtung Nord bis zu einer Einsattelung im Ostgrat auf und kommt von dort (ebenfalls zu Fuß) auf den Gipfel. Wesentlich kürzer ist der Anstieg von der Fanishütte – mit Abfahrt nach Pederü eine ideale Abschlußtour nach einem Hüttenaufenthalt.

26 Innere Eisengabelspitze (2489 m)

Gipfelsammler können diesen Gipfel aus der erwähnten Einsattelung über den Nordgrat und einen Nordosthang erreichen. Vom Skidepot über Felsplatten, die einige Vorsicht erfordern. Bei Vereisung gefährlich!

Blick zum Monte Cristallo vom obersten Teil des Anstiegs zur Eisengabelspitze.

Ausgangspunkt Senneshütte (2116 m)
Von Pederü nach links (nach rechts geht es nach Klein Fanes) auf einem auch im Winter erkennbaren alten Militärweg durch eine Schlucht in vielen Kehren bis zu einer Weggabelung. Nach rechts geht es zur Fodara Vedla Hütte, wir halten uns links und erreichen in gemütlichem Aufstieg in 2 Std. (von Pederü) die Senneshütte (2116 m, privat, nicht durchgehend geöffnet, kein Winterraum; Anschrift: I-39030 St. Vigil, Tel. 04 74/50 10 92).

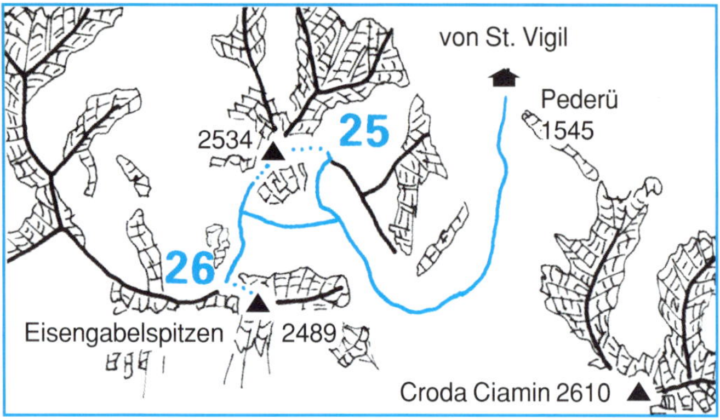

27 Monte Sella di Sennes (2787 m)

Leichte und genußreiche Skitour – beliebter Anstieg

Touren Steckbrief

Höhenunterschied: 650 Hm
Zeit: 2 1/2 Std.
Schwierigkeit: Mittelschwere Skitour, klettertechnisch unschwierig. Mitunter lawinengefährdet. Abfahrt vorwiegend Südost, Süd, West.
Beste Jahreszeit: Dezember bis April.

Von der Hütte Richtung Nordwest in einigem Auf und Ab über die Hochfläche. Kurz und steil zum Südgrat. Über diesen bis oberhalb des großen Steilhanges, über den man bei guten Verhältnissen abfahren kann. Rechts halten, zuletzt von links her

Die letzten Meter im Aufstieg zur Inneren Eisengabelspitze.

zum Gipfel. Hält man sich nach der Sennes Alpe stärker Richtung Nord, gelangt man in ein deutlich erkennbares Tal und von Ost her (steil) auf den Gipfel.

28 Senneser Karspitze (2659 m) Beliebter Skigipfel mit schöner Südabfahrt

Touren Steckbrief

Höhenunterschied: 550 Hm
Zeit: 2 Std.
Schwierigkeit: Mittelschwere Skitour, klettertechnisch unschwierig. Mitunter lawinengefährdet. Abfahrt vorwiegend Süd, West.
Beste Jahreszeit: Dezember bis April.

Von der Fenneshütte in der Grundrichtung Nord ohne besondere Schwierigkeiten, kleinen Felsabbrüchen ausweichend, zum Gipfel.

29 Kleiner Seekofel (2762m)

Wie bei R 28 aufsteigen, doch schon bei der ersten steileren Stufe stärker rechts halten. Zu einem südöstl. gelegenen Vorgipfel (P. 2626) und über den Rücken zum höchsten Punkt. Etwa 20 Minuten länger als zur Senneser Karspitze.

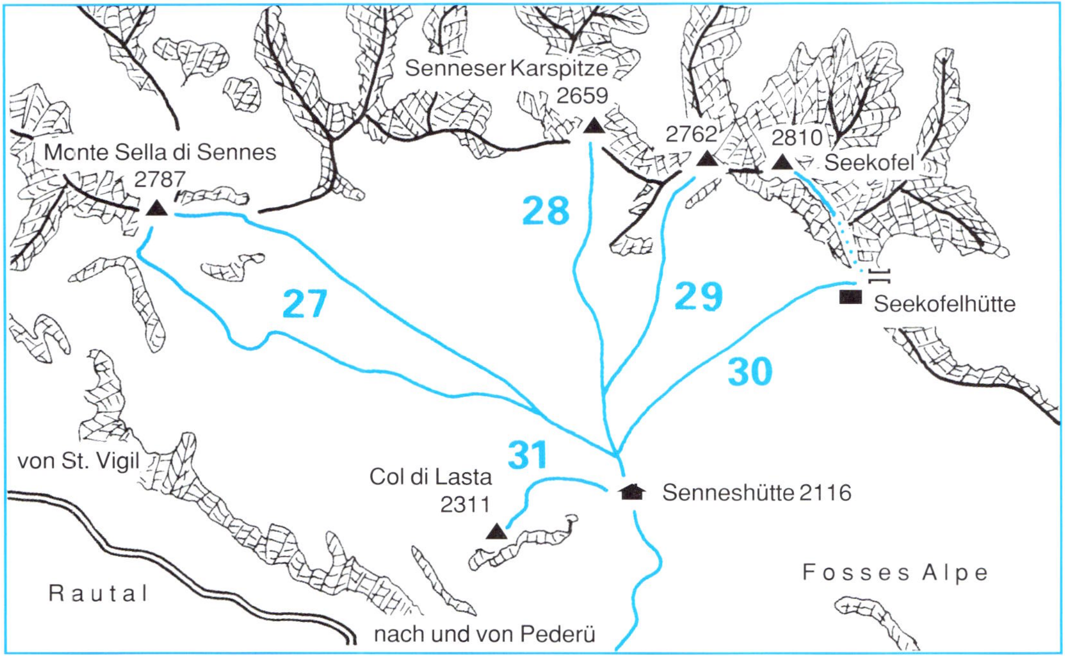

Senneser Karspitze
2659
2762
2810
Seekofel
Monte Sella di Sennes
2787
28
29
Seekofelhütte
27
30
31
von St. Vigil
Col di Lasta
2311
Senneshütte 2116
Fosses Alpe
Rautal
nach und von Pederü

30 Seekofel (2810 m)

Langer und schwieriger Anstieg – nur für gute Skibergsteiger

Touren Steckbrief-Fortsetzung

Höhenunterschied: 700 Hm
Zeit: 3 Std.
Schwierigkeit: Schwierige Skitour, ab Skidepot leichte Kletterei. Mitunter lawinengefährdet. Abfahrt vorwiegend Süd, Südwest, West.
Beste Jahreszeit: März bis Mai.

Von der Senneshütte Richtung Nordost über die Hochfläche zur Seekofelhütte (2327 m, Sektion Treviso des CAI, »Rif. Biella alla Croda del Becco«, Sommerbewirtschaftung, kein Winterraum). Bis hierher gemütlicher Anstieg über die Hochfläche. Nun Richtung Nord in 10 Min. zum Joch (Porta Sora al Forno, 2388 m, benannt nach der »Ofenmauer« im Osten der Scharte). Der felsige Gratrücken wird mit aufgeschnallten Ski begangen. Ab P. 2783 führt ein mäßig steiler Rücken zum Gipfel, den man wieder mit Ski begehen bzw. befahren kann. Zumeist große Gipfelwächte in Richtung Nord (Pragser Wildsee).

31 Col di Lasta (2297 m und 2311 m)

Bescheidenes Ausweichziel über der Senneshütte. Bietet einen guten Überblick über die Hochfläche

Ausgangspunkt Klein Fanes Alm (2050 m)
Die Klein Fanes Alm ist Ausgangspunkt für eine große Zahl von Skitouren unterschiedlicher Länge und Schwierigkeit. Zwei bewirtschaftete Hütten:
1. Faneshütte, 2060 m, privat. Bewirtschaftet von Weihnachten bis Mitte Mai. Anschrift: I-39030 St. Vigil, Tel. 04 74/50 10 97.

Aufstieg zur Hütte in der Ratrakspur knapp 2 Std. vom Parkplatz Pederü. Gepäck- und Personentransport können mit dem Hüttenwirt vereinbart werden.

2. Lavarellahütte, 2050 m, privat. Bewirtschaftet im März und April. Anschrift: I-39030 St. Vigil, Tel. 04 74/50 10 79. In der breiten Ratrakspur, die zur Faneshütte führt, bis knapp vor diese Hütte. Hier hält man sich rechts und erreicht in wenigen Minuten – meist in etwas schmälerer Spur – die Hütte.

Auf dem Gipfel des Monte Sella di Sennes in den Pragser Dolomiten. Die Gipfel im Mittelgrund sind (etwas zusammengeschoben) Hohe Gaisl, Kleine Gaisl und Rote Wand.

32 Col Becchei (di sopra) (2793 m)

Großartiger Aussichtberg mit ebenso großartiger Südabfahrt

Touren Steckbrief

Höhenunterschied: 750 Hm
Zeit: 2 1/2 Std.
Schwierigkeit: Mittelschwere Skitour, klettertechnisch unschwierig. Mitunter lawinengefährdet. Abfahrt vorwiegend Süd, Südwest.
Beste Jahreszeit: Januar bis April.

Von der Fanes- oder Lavarellahütte Richtung Ost auf meist gut ausgetretener Spur zum Limojoch (2172 m). Links von der Mulde, in die der Limosee eingelagert ist, Richtung Ost zu einer Schulter (2565 m). Über den ziemlich steilen Gipfelhang auf den Vorgipfel, zuletzt nach rechts über einen kurzen Grat zum oft überwächteten Gipfel. Durch die abgesetzte Lage prachtvolle Rundsicht.

33

Col di Limo (2244 m) Gipfelsammler können auf dem Rückweg vom Limojoch diese unbedeutende Kuppe oberhalb des Jochs »mitnehmen«. Der Minigipfel eignet sich auch zur ersten Orientierung am Ankunftstag (1/2 Std. von der Fanes Hütte).

Anstieg zum Col di Limo. Im Hintergrund die Eisengabelspitzen.

34 Cima di Furcia Rossa II (2703 m) Auch »Mittlere Furcia Rossa« – Prachtvoller Nahblick zu den Tofanen

Touren Steckbrief

Höhenunterschied: 700 Hm
Zeit: 3 Std.
Schwierigkeit: Schwierige Skitour, klettertechnisch unschwierig. Mitunter lawinengefährdet. Abfahrt vorwiegend Nordwest, Nord.
Beste Jahreszeit: Februar bis Mai.

Von der Fanes- oder der Lavarellahütte zum Limojoch (2172 m) und über den Sattel zur Groß Fanes Alm (2102 m, Ladinisch »Ücia de Gran Fanes«). Richtung Südost auf den Nordrücken der III. Spitze zu. Um ihren Fuß herum gelangt man in eine breite, links und rechts von felsigen Flanken begrenzte Mulde (Vallon del Fosso). Etwas links haltend erreicht man den Nordwesthang der I. und II. Spitze, wobei man einen geeigneten Durchschlupf durch eine Felsbarriere finden muß. Weiter zum Grat, den man zwischen einer Biwakschachtel und unserem Gipfel erreicht. Über den breiten Grat ohne Schwierigkeiten auf den höchsten Punkt. Nach unserem anspruchsvollen Aufstieg genießen wir den Blick auf die prachtvollen Tofanen.

35 Cima di Furcia Rossa I (2644 m)

Wer auch die »Erste« (= Nördliche) ersteigen möchte, errichtet das Skidepot beim Erreichen des Grates. Nun nach links über den Südwestgrat zur Biwakschachtel und zur tiefsten Einsattelung zwischen den beiden Spitzen. Nach links zu einer Schneerinne und durch sie zum Gipfel. Etwa $^1/_2$ Std. vom Skidepot.

Cima di Furcia Rossa III (2792m)

36

Um die »Dritte« (= Südliche) zu ersteigen, hält man sich bereits vor dem Vallon del Fosso rechts und erreicht über den Nordrücken den Gipfel. Die schwierigste Stelle ist die Überwindung eines plattigen Felsgürtels in etwa 2300 m Höhe (Ski tragen!).

Monte Castello (2817 m)

37

Eine der beliebtesten Skitouren im Fanesgebiet, obwohl der Gipfel zumeist nicht betreten wird und sich skiläuferisch interessantere Ziele anbieten

Touren Steckbrief

Höhenunterschied: 850 Hm (einschließlich Gegenanstieg)
Zeit: 3 Std.
Schwierigkeit: Leichte Skitour, klettertechnisch unschwierig (ohne Gipfel, sonst schwierig). Kaum lawinengefährdet. Abfahrt vorwiegend Nord.
Beste Jahreszeit: Dezember bis April.

Von der Fanes- oder Lavarellahütte zum Limojoch. Kurze Abfahrt zur Groß Fanes Alm. In sanftem, allmählich etwas steileren Anstieg durch den Vallon Bianco mit Nahblick auf die Überhänge der Campestrinspitzen. Nun hält man auf einen auffallenden großen Felsturm (Casteletto) zu. Zu seinem Ostfuß und um den Turm herum zu einer Unterstandshütte. Hier endet im Normalfall die Skitour (Bivacco della pace, 2760 m, 12 Lager).

Monte Casale (2894m)

38

Wie zum Monte Castello aufsteigen. Unterhalb des Monte Castello hält man sich rechts und steigt Richtung Süd zum Monte Casale auf. Steil zur Forcella Casale

(2850 m). Nach links über den Grat zum Gipfel. Der Monte Casale kann auch über den Nordgrat bestiegen werden, ev. im Rahmen einer Überschreitung (Ski mittragen).

39 Monte Cavallo (2912 m)

Aus der Forcella Casale (2850 m) über den Ostgrat zum Gipfel. Im ersten Teil nach der Scharte ist der Grat häufig verblasen und felsig, dann natürlich zu Fuß. Der Monte Cavallo läßt sich auch – nur unbedeutend schwieriger – über die Forcella Campestrin-sud und den Nordgrat erreichen – empfehlenswert für Freunde von Überschreitungen. Zur Forcella Campestrin-sud steigt man gleichfalls aus dem Vallon Bianco auf.

40 Cima Fanis nord (2969 m)

Touren Steckbrief

Höhenunterschied: 950 Hm
Zeit: 5 Std.
Schwierigkeit: Schwierige Skitour (Steilhang unter der Scharte), ab Skidepot leichte Kletterei. Mitunter lawinengefährdet. Abfahrt vorwiegend Nord.
Beste Jahreszeit: Februar bis Mai.

Wie bei R 32 über das Limojoch zur Groß Fanes Alm. Man hält sich nun rechts, bleibt also im Talboden, und steigt mit sehr geringem Höhengewinn zum Tadegajoch (Ju dal Ega, 2157 m) auf. Weiter Richtung Süd durch die Ebene, bis sich nach den Steilabbrüchen nach links ein Tal (Vallon di Campestrin) öffnet. Das Tal wird an seinem Ende vom Monte Cavallo (links, östl.)

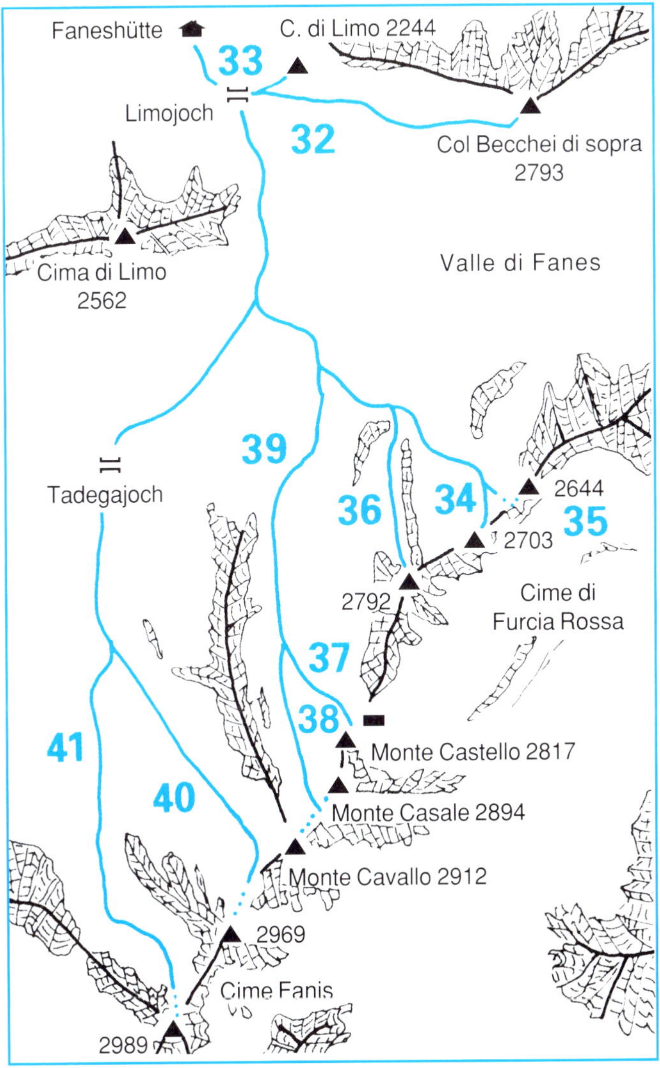

Faneshütte
C. di Limo 2244
33
Limojoch
32
Col Becchei di sopra
2793
Cima di Limo
2562
Valle di Fanes
39
Tadegajoch
36
34
2644
35
2703
2792
Cime di
Furcia Rossa
37
38
Monte Castello 2817
41
40
Monte Casale 2894
Monte Cavallo 2912
2969
Cime Fanis
2989

und von der Cima Fanis nord (rechts, westl.) begrenzt. Im Westgrat des Monte Cavallo sieht man zwei Scharten. Auf den rechten Einschnitt, die »Forcella Cavallo falsa« (2850 m), hält man zu. Nach Umgehung eines Gratturmes in die »richtige« Forcella Cavallo. Über den Nordostgrat, meist an der luftigen Schneide, zur Fanisspitze.

41 Cima Fanis di mezzo (2989 m)

Anstrengender Anstieg auf die höchste der Fanisspitzen.

Wie bei R 40 in den Vallon di Campestrin. Von hier quert man Richtung Süd, bis man im Vallon di Fanis aufsteigen kann. Als linke Begrenzung hat man den Grat, der von der Fanisspitze-nord herabzieht, zur Rechten den wesentlich eindrucksvolleren Grat, der von der Fanis mezzo über die Cima Scotoni und die Cima del Lago Richtung Nordwest zieht. Ungefähr in der Mitte zwischen der Nord- und der Mittelspitze liegt die Forcella Fanis (2864 m). Etwas weiter rechts (südwestl.), näher beim Mittelgipfel, fällt ein wuchtiger Felskopf auf (P. 2926 m). Man steuert eine Einsattelung rechts von diesem auffälligen Felsen an – zu Fuß durch eine steile Rinne. Aus der Scharte erreicht man unschwierig den Gipfel.

Zweischartenspitze (2929 m) 42

Ladinisch »Piz Danter düs Forceles« – Unmittelbarer Nachbar der eindrucksvollen Cunturinesspitze, die wegen der schwierigen Kletterei nicht mehr als Skitour bezeichnet werden kann

Touren Steckbrief

Höhenunterschied: 1000 Hm
Zeit: 4 Std.
Schwierigkeit: Mittelschwere Skitour, klettertechnisch unschwierig. Mitunter lawinengefährdet. Abfahrt vorwiegend Ost, Nordost.
Beste Jahreszeit: Februar bis Mai.

Wie bei R 40 zum nur schwach ausgeprägten Tadegajoch. Bei einigen auffälligen Felsblöcken kurz vor dem Joch zweigt man nach rechts ab und steigt Richtung West in ein eigenartiges Hochtal (Büsc da Stlü) auf. Man hält sich im Anstiegssinne etwas rechts, kommt an einem kleinen See (Lago Cunturines, 2518 m) vorbei, und hält auf einen Sattel zwischen der mächtigen, felsigen Cunturinesspitze in der linken Begrenzung des Hochtales und der unscheinbaren Zweischartenspitze zu. Über den Südostrücken unschwierig zum Gipfel.

Nächste Doppelseite:
La Varella, ein anspruchsvoller Gipfel im Tourenbereich der Faneshütte.

43 La Varella »Piz d'Lavarela« (3055 m)

Anspruchsvolles Ziel für gute Skibergsteiger

Touren Steckbrief

Höhenunterschied: 1100 Hm
Zeit: 4 Std.
Schwierigkeit: Schwierige Skitour, ab Skidepot leichte Kletterei. Mitunter lawinengefährdet. Abfahrt vorwiegend Süd, Ost, Nordost.
Beste Jahreszeit: März bis Mai.

Wie beim Anstieg zur Zweischartenspitze in das Hochtal Büsc da Stlü. Nun aber hält man auf eine Einsattelung (2885 m) zwischen dem Piz d'Lavarela und dem Piz Danter düs Forcelles (Zweischartenspitze) zu. Richtung Nord steil bis zum Beginn der Felsen. Skidepot. Über eine Stufe (schwierigste Stelle) zu einem Rücken. Über diesen in die Einsattelung zwischen West- und Ostgipfel. Über den Grat zum höchsten Punkt, im letzten Teil überraschend leicht.

Variante Kürzer (4 Std.) und etwas leichter ist der Anstieg durch die Val Parom. Von der Klein Fanes Alm in der Grundrichtung Südwest in mäßiger Steilheit zum Lago Parom (2311 m) und in die Val Parom. Am Talschluß hält man sich rechts und steigt durch eine Rinne zu einer Einsattelung im Nordgrat (in der Nähe von P. 2894) auf. Über diesen Grat zunächst etwas heikel, dann über das Gipfeldach leicht zum Gipfel.

Piz Parom (2953 m)

44

Anspruchsvoller Anstieg – für gute Skibergsteiger

Touren Steckbrief

Höhenunterschied: 950 Hm
Zeit: 4 Std.
Schwierigkeit: Schwierige Skitour, ab Skidepot leichte Kletterei. Häufig lawinengefährdet. Abfahrt vorwiegend Ost.
Beste Jahreszeit: März bis Mai.

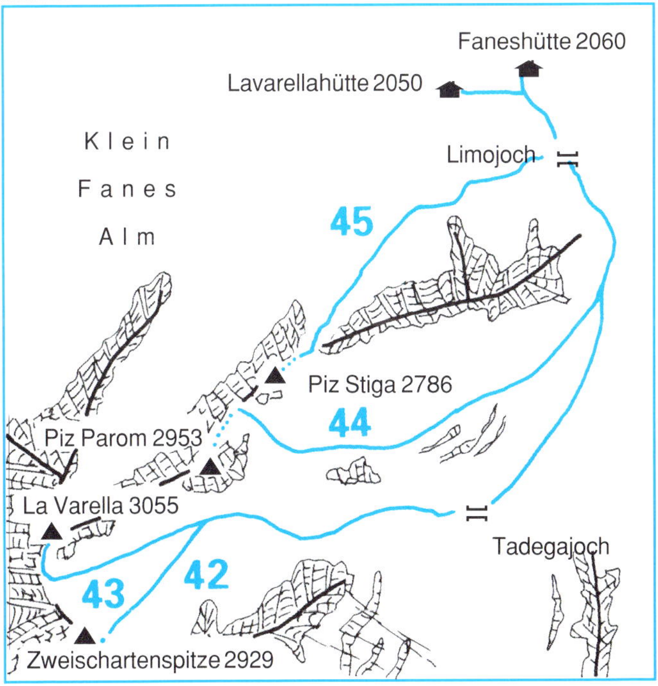

Wie bei R 32 über das Limojoch zur Groß Fanes Alm. Nun nach rechts abzweigen und Richtung West über einen ziemlich steilen Hang zum Ansatz der Südflanke des Sass dai Bac, des am weitesten vorgeschobenen Gipfels im Kamm, der von der Paromspitze Richtung Ost zieht. Die große Mulde wird durchquert. Dann steigt man neuerlich steil zu einer weiteren Einsattelung auf. Skidepot. Über ein deutlich ausgeprägtes Band zu einer Scharte zwischen Piz Stiga und Piz Parom. Weiter über den unschwierigen Nordostgrat zum Gipfel.

45 Piz Stiga (2786 m)

Anspruchsvolle Skitour für hervorragende Skiläufer

Touren Steckbrief

Höhenunterschied: 800 Hm
Zeit: 3 Std.
Schwierigkeit: Schwierige Skitour, ab Skidepot leichte Kletterei. Häufig lawinengefährdet. Abfahrt vorwiegend Nordost.
Beste Jahreszeit: März bis Mai.

Von der Klein Fanes Alm zum Limojoch. Vom Joch Richtung Südwest, die Mulden ausgehend, bis zum Beginn des mächtigen Nordosthanges zum Piz Stiga. Über diesen Hang so weit wie möglich hinauf bis zu den Felsen. Skidepot. In leichter, bei Vereisung aber heikler Kletterei zum Grat und über diesen zum Gipfel. Schwierigere Stellen überwindet man am besten in der (im Anstiegssinne) rechten Flanke. Bei der Abfahrt muß man nicht bis zum Limojoch zurückkehren, sondern kann bereits vorher Richtung Nord zur Klein Fanes Alm abfahren.

Auf dem Anstieg zum Heiligkreuzkofel. Im Bild die Eisengabelspitze.

46 Heiligkreuzkofel (2907 m)

Bekanntester Gipfel im Tourenbereich der Klein Fanes Alm. Ladinisch »Piz d'l Ciaval«. Skiläuferisch etwas enttäuschend, aber eindrucksvolle Wanderung durch eine großartige Dolomitenlandschaft

Touren Steckbrief

Höhenunterschied: 900 Hm
Zeit: 3 Std.
Schwierigkeit: Leichte Skitour, klettertechnisch unschwierig. Kaum lawinengefährdet. Abfahrt vorwiegend Nordost, Ost.
Beste Jahreszeit: Dezember bis Mai.

Von der Klein Fanes Alm durch die »unruhige Hügellandschaft« zuerst Richtung Nordwest ansteigen, unterhalb einer auffallenden Kuppe (Col Toron, »Schildkröte«) vorbei, dann nach links schwenkend zum Kreuzkofeljoch (2612 m), einer gut erkennbaren Einsattelung links von dem auffälligen langen Grat, der zu unserem Gipfel führt. Über den Grat ohne besondere Schwierigkeiten zum höchsten Punkt.

Kürzer Beim Fanesschloß nach Südwest abzweigen und über die Südostflanke zum Gipfel. Gipfelsammler können mehrere kotierte Erhebungen besteigen wie Kanzelschartenspitze (2638 m) oder Kübelspitze (2718 m). Vorsicht bei schlechter Sicht: Der gemütliche Rücken bricht mit senkrechten Wänden, durch die berühmte schwierige Klettertouren führen, ins Gadertal ab!

Die Skitour auf den Zehner artet im letzten Teil zu einem (leichten) Klettersteig aus.

47 Zehnerspitze (3026 m)

Auf einen leichten Klettersteig zu einem lohnenden Gipfel

Touren Steckbrief

Höhenunterschied: 1000 Hm
Zeit: 3 1/2 Std.
Schwierigkeit: Mittelschwere Skitour, ab Skidepot leichte Kletterei. Mitunter lawinengefährdet. Abfahrt vorwiegend Süd, Südost.
Beste Jahreszeit: Februar bis April.

Von der La Varella Hütte Richtung Nord in eine große Mulde, dann in der Grundrichtung Nordwest in einigem Auf und Ab über die Hochfläche. Links vom Fanesschloß vorbei und über den steilen Osthang zu einer Einsattelung. Hier setzt der Südsüdwestgrat unseres Gipfels an. Skidepot. Ein leichter, anfangs etwas steiler Klettersteig führt zuerst auf der Kante, dann in einer Rinne, zum höchsten Punkt. Riesiges Holzkreuz.

48 Ciastel de Fanis (2657 m)

Das »Fanesschloß« ist eine leichte Skitour, zu der man vom Anstieg zur Zehnerspitze abzweigt. 2 Std. Außer dem kurzen, aber steilen Gipfelhang ist sie kaum lawinengefährdet.

49 Col Toron »Schildkröte« (2459 m)

Kurze, leichte, kaum lawinengefährdete Skitour. Nur in genauen Karten bezeichnet. Man umgeht die Kuppe an ihrer Nordseite und steigt von Nordwest zum höchsten Punkt auf. 1 Std. von der Klein Fanes Alm.

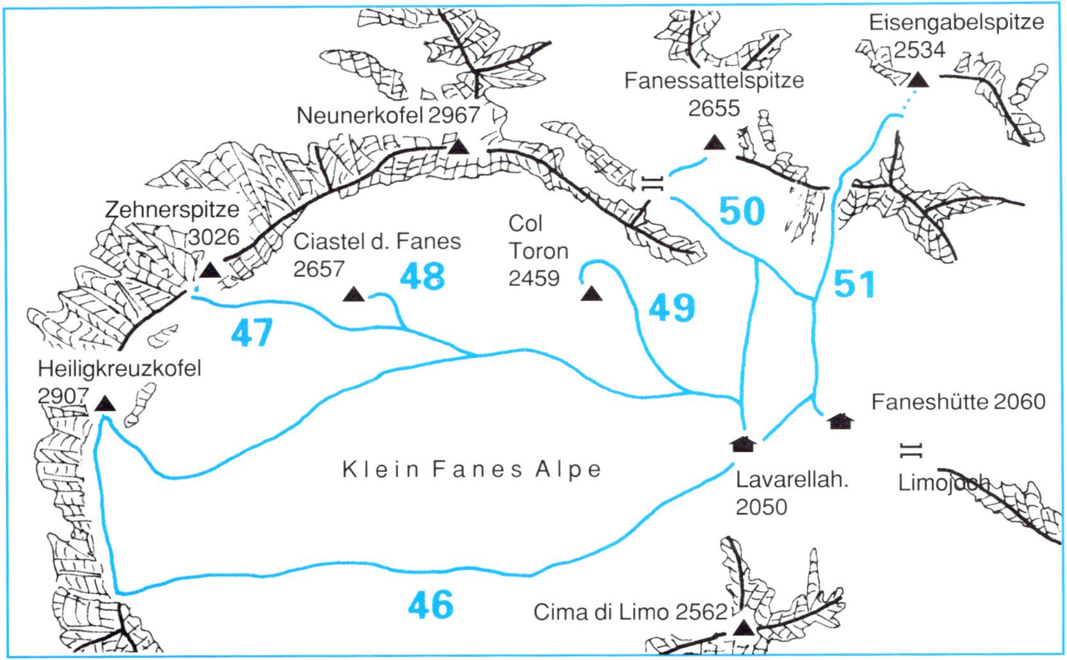
Eisengabelspitze 2534
Fanessattelspitze 2655
Neunerkofel 2967
Zehnerspitze 3026
Ciastel d. Fanes 2657
Col Toron 2459
Heiligkreuzkofel 2907
Faneshütte 2060
Lavarellah. 2050
Limojoch
Klein Fanes Alpe
Cima di Limo 2562
46
47
48
49
50
51

50 Fanessattelspitze (2655 m)

Auch »St. Antonispitze« oder »Monte Sella di Fanes«

Touren Steckbrief

Höhenunterschied: 650 Hm
Zeit: 2 1/2 Std.
Schwierigkeit: Schwierige Skitour, klettertechnisch unschwierig. Kaum lawinengefährdet. Abfahrt vorwiegend Süd.
Beste Jahreszeit: Dezember bis April.

Von der Klein Fanes Alm in Richtung Nord zu einer weiten Mulde, die man im Anstiegssinne rechts ausgeht. Über einen kurzen Hang, dann nach links einbiegend durch ein eigenartiges Hochtal und über einen kurzen Steilhang zum St. Antonijoch (2466 m). Über den Südwestrücken steil, aber unschwierig zum Gipfel. Bei der Abfahrt sind viele Varianten über den schönen Steilhang möglich. Im weiteren Verlauf ist es empfehlenswert, zum Hüttenanstieg abzufahren, den man bei P. 1988 erreicht. Aufstieg zur Hütte 1/2Std.

Firngrat zur Eisengabelspitze.

51 Äußere Eisengabelspitze »Furcia dai Fers de Fora« (2534 m)

Touren Steckbrief

Höhenunterschied: 600 Hm
Zeit: 2 1/2 Std.
Schwierigkeit: Schwierige Skitour, ab Skidepot leichte Kletterei. Mitunter lawinengefährdet. Abfahrt vorwiegend Süd bzw. Ost, Süd.
Beste Jahreszeit: Januar bis April.

Von der Klein Fanes Alm Richtung Nord in Richtung Pederü kurz abfahren. Über einen sich zunehmend aufsteilenden Hang, dann durch eine Rinne zu einer Einsattelung (2320 m, Eisengabelsattel, in den Karten nicht bezeichnet). Von diesem Sattel kurze Abfahrt, dann Aufstieg zur Scharte zwischen der Äußeren und Inneren Eisengabelspitze. Über den Südgrat kommt man fast bis zum felsigen Vorgipfel mit Ski. Zuletzt zu Fuß über diesen Vorgipfel zum höchsten Punkt.
Die Abfahrt auf dem Anstiegswege ist weniger lohnend als die Abfahrt durch den »Trichter«, vergl. R 25. Dabei können gute Skiläufer bereits hoch über dem Eisengabelsattel nach links durch eine Steilrinne zum »Trichteranstieg« abfahren.

Tourenbereich Campill

Anreise Im mittleren Gadertal zweigt 5 km nach Zwischenwasser die Straße nach St. Martin in Thurn Richtung West ab. Hier gabeln sich die Wege. Nach rechts führt die Straße nach Untermoi und weiter zum Würzjoch, nach links die Straße nach

Campill, das man nach 5 km erreicht (7 km von der Abzweigung von der Hauptstraße). Das reizvolle, ursprünglich erhaltene Bergdorf bietet eine große Zahl von Skitouren in der herrlichen Landschaft des Naturparks Puez-Geisler.

Karten Im Maßstab 1:25 000 Tabacco 07 (Hochabtei); Geographica Nr. 5 (Abteital). Im Maßstab 1:50 000 Kompaß Nr. 55, Freytag & Berndt WK S5 (Cortina d`Amp., Marmolata, St. Ulrich).

Auskünfte und Zimmernachweis Verkehrsverein I-39030 St. Martin in Thurn, Tel. 04 74-52 31 75.

Col Costac (2199 m) 52

Unbedeutender Gipfel, der jedoch einen guten Einblick in das Tourengebiet von Campill vermittelt

Touren Steckbrief

Höhenunterschied: 800 Hm
Zeit: 2 1/4 Std.
Schwierigkeit: Leichte Skitour, klettertechnisch unschwierig. Kaum lawinengefährdet. Abfahrt vorwiegend Südost.
Beste Jahreszeit: Dezember bis März.

Von Campill (1398 m) zum Weiler Vigo (1576 m). Ist eine Abfahrt über die schönen Bauernwiesen wegen Schneemangels nicht möglich, kann man auch mit dem Auto bis hierher fahren. Parkmöglichkeit unmittelbar rechts vor einer auffallenden Rechtskurve. Kurz nach dem Weiler nur mehr Fahrweg, nicht geräumt. Über Wiesen zunächst Richtung Nordwest, bald aber Richtung Nord einbiegend auf eine Einsattelung (Passo Goma = Gömajoch) zu. Bereits unterhalb des Sattels hält man sich rechts und steigt Richtung Gipfel auf, den man zuletzt von links her erreicht.

Kleiner Peitlerkofel 53
(2813 m) »Skigipfel« – Westschulter des Großen Peitlers

Touren Steckbrief

Höhenunterschied: 1450 Hm
Zeit: 4 1/2 Std.
Schwierigkeit: Schwierige Skitour, klettertechnisch unschwierig. Mitunter lawinengefährdet. Abfahrt vorwiegend Süd, Südost.
Beste Jahreszeit: März und April.

Von Campill (1398 m) mit zunächst geringem Höhengewinn zu den Höfen von Seres (1568 m) oder Misci. Liegt kein Schnee mehr, kann man auch mit dem PKW herauffahren. Im Tal des Seresbaches steigt man Richtung Nordwest auf und behält diese Grundrichtung auch bei, wenn der Bach nach links (Richtung West, Passo di Poma, Schlüterhütte) abbiegt. Über die Peitlerwiesen erreicht man die Peitlerscharte (2357 m). Ungefähr dem Sommerweg zum Großen Peitlerkofel folgend steigt man zum felsigen Gipfelaufbau, hält sich dann links und erreicht wenig später den Gipfel.

Großer Peitlerkofel (2875 m) 54

Oberhalb des Steilhangs nicht links, sondern rechts halten und bis zum Ansatz der Felsen (= Beginn des Klettersteiges) weitersteigen. Sind die Felsen aper, in leichter Kletterei auf den Gipfel – ab Skidepot 1/2 Std.

Peitlerkofel von einer malerischen Alm unterhalb des Col Costac im Campilltal.

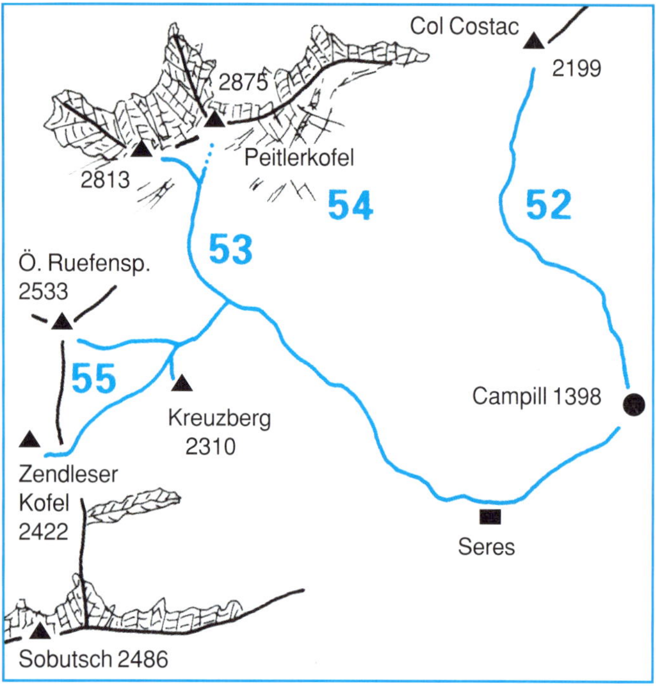

55 Kreuzberg (2310 m), Zendleser Kofel (2422 m), Östl. Ruefenspitze »Confinspitze« (2533 m)

Wenn die Verhältnisse eine Besteigung des Peitlerkofels nicht erlauben, kann man als Ausweichziel auch einen dieser Gipfel ersteigen. Um den Kreuzberg zu erreichen, biegt man in einer Höhe von 2100 m vom Anstiegsweg zum Kleinen Peitlerkofel ab und steigt Richtung Südwest ohne Schwierigkeiten zum Gipfel auf. Den Zendleser Kofel erreicht man, indem man bei den Peitlerwiesen unterhalb des Peitlerjochs, in der sanften Mulde, dann über den mittelsteilen Gipfelhang zum höchsten Punkt aufsteigt. Auch die Östliche Ruefenspitze (2533 m) ist aus dieser Mulde erreichbar.

Sobutsch (Sobuccio) (2486 m) 56

Ein leicht ersteigbarer Kamm mit zahlreichen Erhebungen

Touren Steckbrief

Höhenunterschied: 1100 Hm
Zeit: 4 Std.
Schwierigkeit: Mittelschwere Skitour, klettertechnisch unschwierig. Kaum lawinengefährdet. Abfahrt vorwiegend Südost.
Beste Jahreszeit: Dezember bis April.

Von Campill (1398 m) auf der Fahrstraße zu den Höfen von Seres. Bereits etwas unterhalb hält man sich links und erreicht einen Forstweg, der durch lichten Wald führt. Immer in der Grundrichtung West kommt man, an malerischen Almhütten vorbei, zuletzt in baumfreiem Almgelände zum Kreuzjoch (Forcella San Zenon, 2293 m). Schon vor dem Joch durch eine weite Mulde oder über den Rücken Richtung Nord aufsteigend gewinnt man den Kamm und in einigem Auf und Ab den höchsten Punkt. Bei gutem Firn ist es möglich, den weiten Bogen abzukürzen und unmittelbar über die ziemlich steile Südostflanke zum Anstiegsweg abzufahren.

Unterhalb des Wasserkofels - auf dem Anstieg zum Sobutsch.

Zwischenkofel »Antersasc« (2471 m) 57

Hübsche Skitour mit reizvollem Wechsel von sonnseitigen zu schattseitigen Hängen. Achtung: Zwölferkofel und Zwischenkofel sind in manchen Karten vertauscht angegeben!

Touren Steckbrief

Höhenunterschied: 1000 Hm
Zeit: 3 Std.
Schwierigkeit: Mittelschwere Skitour, klettertechnisch unschwierig. Mitunter lawinengefährdet. Abfahrt vorwiegend Südost, Nordost.
Beste Jahreszeit: Dezember bis April.

Von Campill auf der Fahrstraße Richtung Süd, bis die Fahrstraße nach rechts abbiegt und nur mehr ein Fahrweg talein führt. Entweder parkt man hier oder wenig später vor einer kleinen Brücke. Etwa 1500 m.
Richtung Süd über eine sanfte Wiese, später durch lichten Wald talein. Etwas unterhalb der Zwischenkofelalm (2085 m) biegt man scharf nach rechts ab und erreicht in mehrfachem Wechsel zwischen steilen und flachen Hangteilen einen breiten Sattel. Etwas links haltend über schöne Hänge mit Ski zum Gipfel.

Zwölferkofel (Crep das Dodesc) (2397m) 58

Aus dem erwähnten Sattel in fast ebenem Anstieg leicht erreichbar. Vorgeschobenster Gipfel der Zwischenkofelgruppe. Achtung: In manchen Karten sind Zwischenkofel und Zwölfer vertauscht eingezeichnet! Eine Viertelstunde kürzer als der Anstieg zum Zwischenkofel.

Nächste Doppelseite: Licht und Schatten beim Anstieg zum Zwischenkofel.

59 Östl. Puezspitze (2913 m)

Lange, aber sowohl skiläuferisch als auch landschaftlich großartige Skitour auf den höchsten Gipfel der Puezgruppe

Touren Steckbrief

Höhenunterschied: 1450 Hm
Zeit: 4 1/2 Std.
Schwierigkeit: Schwierige Skitour, klettertechnisch unschwierig. Häufig lawinengefährdet. Abfahrt vorwiegend Ost, Nordost.
Beste Jahreszeit: März bis Mitte Mai.

Wie bei R 57 talein und zur Zwischenkofelalm (2085 m). Richtung Südwest durch ein deutlich ausgeprägtes Tal. In etwa 2300 m Höhe biegt man Richtung Südost ein und erreicht eine steile und enge Rinne. Sie führt zum Puezjoch (2571 m) und ist der schwierigste Teil des Anstiegs. Man muß nicht die ganze Rinne durchsteigen, sondern kann vor der engsten Stelle auf einer Art Rampe rechts abbiegen. Vom Joch oder nach der Rampe in der Grundrichtung West zu einer Einsattelung vor dem Gipfelhang und über diesen zum Gipfel. Bei schlechter Sicht auf Wächten links des Anstiegs achten!

60 Puezkofel »Col de Puez« (2725 m)

Vom Puezjoch zum Sattel zwischen Puezkofel und Östl. Puezspitze. Nach links unschwierig mit Ski auf den Gipfel. Eine halbe Stunde kürzer als der Anstieg auf die Östl. Puezspitze.

Steile Rinnen wie beim Anstieg zur Östlichen Puezspitze finden sich in den Dolomiten häufig.

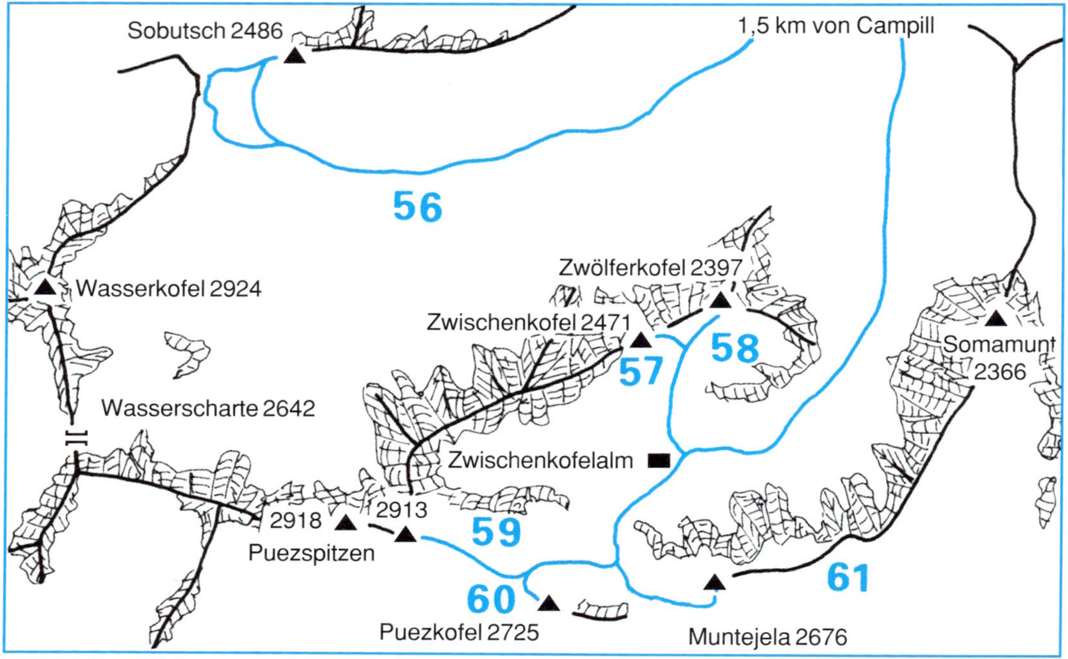
Sobutsch 2486
1,5 km von Campill
56
Wasserkofel 2924
Zwölferkofel 2397
Zwischenkofel 2471
58
57
Somamunt 2366
Wasserscharte 2642
Zwischenkofelalm
2918
2913
59
Puezspitzen
61
60
Puezkofel 2725
Muntejela 2676

Gleichfalls vom **Muntejela (Col de Montigela) (2676 m)** Puezjoch aus erreichbar. Richtung Ost und über einen schönen Hang unschwierig zum Gipfelaufbau. Über einige Felsen zum höchsten Punkt. 1/2 Std. kürzer als die Östl. Puezspitze.

Skitouren im Eisacktal – zwischen Brixen und Bozen

Wer auf der Autobahn von Brixen in die Landeshauptstadt von Südtirol fährt, wird sich vergeblich nach einem tauglichen Skigelände umsehen, wenn man von der Plose bei Brixen absieht, die aber durch Liftanlagen erschlossen ist. Nach Brixen brechen steile, dicht bewaldete Bergflanken ins Eisacktal ab.
Tourenmöglichkeiten ergeben sich allerdings – wenn auch in bescheidenem Ausmaß – in den Seitentälern.
Vom Brenner sind es 40 Autobahn-Kilometer bis nach Brixen, von hier weitere 46 bis nach Bozen.

Tourenbereich Villnöß

Mit dem Grödental hat Villnöß wenig gemeinsam. Es ist im Sommer wie im Winter ein Musterbeispiel für »Sanften Tourismus«.

Anreise Auf der Autobahn bis zur Ausfahrt Klausen. Villnöß ist eine Gemeinde mit zahlreichen Ortsteilen. Hauptort ist St. Peter (9 km von Klausen). Im Winter kann man bis zum Ortsteil St. Johann fahren, im späten Frühjahr bis zur Zannser Alm (1685 m, 17 km von Klausen).

Karten Im Maßstab 1:25 000 Carta d'Italia 11/I/N.O. (San Maddalena) und 4A/II/S.O. (Luson); die Tabacco 05 (Gröden, Seiser Alm) deckt nur den südl. Teil des Tourenbereichs ab, Tabacco 07 (Hochabtei) für den nördl. Teil. Im Maßstab 1:50 000 Freytag & Berndt WK S5 (Cortina, Marmolata, St. Ulrich); Kompaß Nr. 56 (Brixen).

Auskünfte und Zimmernachweis Verkehrsverein I-39040 Villnöß, Tel. 04 72/4 01 80.

62 Innerraschötz (2317 m)

Landschaftlich reizvolle Skiwanderung

Touren Steckbrief

Höhenunterschied: 1000 Hm
Zeit: 3 Std.
Schwierigkeit: Leichte Skitour, klettertechnisch unschwierig. Kaum lawinengefährdet. Abfahrt vorwiegend Südost, Nord.
Beste Jahreszeit: Dezember bis April.

Durch das gesamte Villnößtal bis zum Ortsteil St. Johann. Man bleibt rechts vom Villnösser Bach und fährt, zuletzt am Weiler Ranui vorbei, bis zum Ende der für den allgemeinen Verkehr zugelassenen Straße. Parkplatz (1370 m).
Auf einer Forststraße talein, im Tal des Klieferbaches (Rodelbahn) hinauf, und wie Weg Nr. 28 zur Brogleshütte (2045 m, privat, Sommerbewirtschaftung, Winterraum mit zwei Lagern). Über die sanfte Südostflanke auf den Höhenzug und über den fast ebenen Rücken zum St. Peter Joch und weiter zum Gipfel.

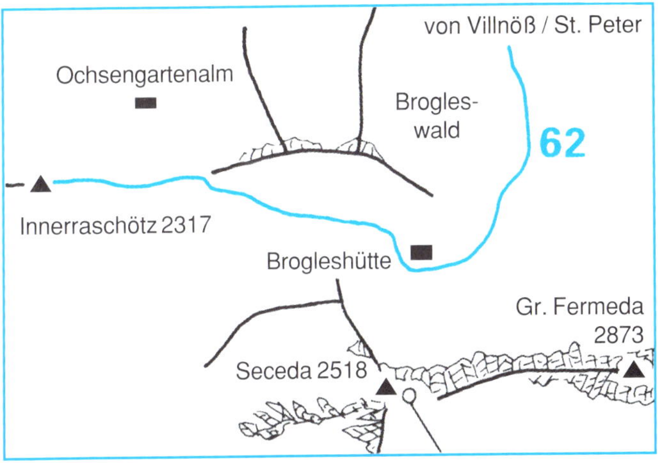

Mittagsscharte (2597m)

63

Touren Steckbrief

Höhenunterschied: 1250 Hm
Zeit: 4 Std.
Schwierigkeit: Mittelschwere Skitour, klettertechnisch unschwierig. Mitunter lawinengefährdet. Abfahrt vorwiegend Nordwest.
Beste Jahreszeit: Februar bis April.

Wie bei R 62 auf dem Forstweg durch das Klieferbachtal bis zum Ende der Rodelbahn und ein kurzes Stück weiter in Richtung Süd. Bei P. 1716 der Tabacco (= Verzweigung des Sommerweges) hält man sich stärker links und steigt Richtung Südost bis zur Waldgrenze auf. Hier öffnet sich das weite Kar unterhalb der Geislergipfel. Weiterhin Richtung Südost zur Scharte.

64 Kleiner Peitlerkofel (2813 m)

Unbedeutsamer »kleiner Bruder« des eindrucksvollen Großen Peitlers

Touren Steckbrief

Höhenunterschied: 1450 Hm
Zeit: 4 ¹/₂ Std.
Schwierigkeit: Schwierige Skitour, klettertechnisch unschwierig. Mitunter lawinengefährdet. Abfahrt vorwiegend Süd, West.
Beste Jahreszeit: Februar bis April.

Vom Parkplatz auf dem Weg Nr. 34 zur Zannser Alm und bis zur Abzweigung nach St. Zenon. Nun Nordnordwest zur Gampenalm und weiter Richtung Schlüterhütte (2297 m, Sektion Brixen des CAI, Sommerbewirtschaftung, Winterraum mit 8 Lagern, Schlüssel beim Hüttenwirt A. Messner, St. Magdalena in Villnöß, Tel. 04 72/4 01 87). Von der Hütte zum Kreuzkofeljoch (2340 m) und mit geringem Höhenverlust auf eine Hochfläche, die man Richtung Nord zur Peitlerscharte (2357 m) quert. Die Scharte muß nicht erreicht werden, sie kann links liegen bleiben. Von der Hochfläche links (im Anstiegssinne) von einem deutlich eingeschnittenen Bachtälchen steil hinauf bis zum felsigen Gipfelaufbau des Großen Peitlerkofels. Hier hält man sich links und erreicht wenig später den Gipfel, gewissermaßen die »West-Schulter« des Großen Peitlerkofels.

Vorhergehende Doppelseite:
Bei günstigen Verhältnissen kann der »Peitler« (im letzten Teil über einen leichten Klettersteig) erstiegen werden.

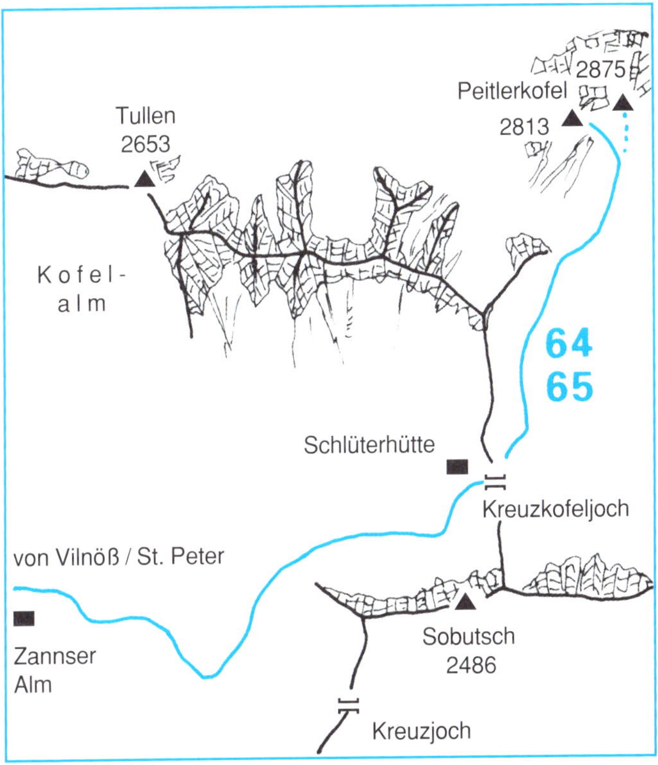

Großer Peitlerkofel (2875 m)

65

Bei günstigen Verhältnissen, die sich wegen der Südlage verhältnismäßig früh einstellen können, kann man über den leichten Klettersteig auch diesen mächtigen und beherrschenden Gipfel erreichen (1/2 Std. vom Skidepot).

Tourenbereich Grödner Tal (lad. »Gherdeina«)

Gröden ist eines der bedeutenden ladinischen Dolomitentäler. Es spielt in der Alpingeschichte eine wichtige Rolle. Im Winter gilt es gegenwärtig allerdings nicht als Tourengebiet, sondern als eine der größten Skistationen der Alpen. Dennoch hat das Tal auch den Tourengehern einiges zu bieten. Seilbahnen verkürzen häufig die Aufstiege auf 2 bis 3 Stunden.

Anreise Bei Waidbruck verläßt man die Autobahn. Die gut ausgebaute Straße führt über den Hauptort St. Ulrich (13 km von Waidbruck) und St. Christina (17 km von Waidbruck) nach Wolkenstein. Wenig später verzweigt sich das Tal. Nach links geht es zum Grödner Joch, der rechte Ast führt zum Sellajoch (jeweils 31 km von Waidbruck).

Karten Im Maßstab 1:25 000 Tabacco 05 (Gröden, Seiser Alm); im südöstl. Teil des Tourengebietes AV 52/1b (Langkofel- und Sellagruppe). Im Maßstab 1:50 000 Freytag & Berndt WK S5 (Cortina, Marmolata, St. Ulrich); Kompaß Nr. 59 (Sellagruppe, Marmolata).

Auskünfte und Zimmernachweis
Fremdenverkehrsamt I-39046 St. Ulrich, Tel. 04 71/79 63 28.
Verkehrsamt I-39047 St. Christina, Tel. 0471/793046.
Verkehrsamt I-39048 Wolkenstein, Tel. 0471/795122.

Ausgangspunkt Col Raiser, 2107 m
Von St. Christina mit dem Korblift zur Bergstation auf dem Col Raiser. Hier gleichnamige Schutzhütte (privat, zur Skisaison bewirtschaftet, Tel. 04 71/7 63 02). Bis Ende März bewirtschaftet ist auch die Regensburger Hütte (2037 m, Sektion Florenz des CAI, Tel. 04 71/7 63 07). Man erreicht sie in kurzer Abfahrt über einen sanften Rücken. Zu Fuß von St. Christina knapp 2 Std.

Mittagsscharte (2597 m) 66

Touren Steckbrief

Höhenunterschied: 600 Hm
Zeit: 2 Std.
Schwierigkeit: Schwierige Skitour, klettertechnisch unschwierig. Mitunter lawinengefährdet. Abfahrt vorwiegend Südost.
Beste Jahreszeit: Februar bis April.

Vom Col Raiser oder der Regensburger Hütte über die Hochfläche in Richtung Sass Rigais. Bei den Felsen nach links. Man erreicht in zunehmender Steilheit durch eine enge Rinne die Scharte. Abfahrt nach Villnöß möglich, doch Rückkehr mit öffentlichen Verkehrsmitteln umständlich. Bei günstigen Verhältnissen können gute Bergsteiger über einen leichten Klettersteig den Sass Rigais (3025 m) besteigen.

Wasserrinnenscharte (etwa 2700 m) 67

Touren Steckbrief

Höhenunterschied: 700 Hm
Zeit: 2 1/2 Std.
Schwierigkeit: Mittelschwere Skitour, ab Skidepot leichte Kletterei. Mitunter lawinengefährdet. Abfahrt vorwiegend Süd.
Beste Jahreszeit: Januar bis April.

Die Wasserrinnenscharte ist die Einsattelung zwischen dem Sass Rigais und der Furchetta. Vom Col Raiser oder der Regensburger Hütte Richtung Sass Rigais. Hier hält man sich diesmal jedoch rechts und steigt im ungleich weiteren Wasserrinnental (nicht »Wassertal«, wie mitunter in Karten bezeichnet) zunächst nur mittelsteil, zuletzt aber doch wieder steil auf. Bis nahe zur Scharte mit Ski, das letzte Stück zu Fuß.

68 Odla di Valdussa (2942 m) Schöner Gipfel, nur auf genauen Karten kotiert und bezeichnet

Touren Steckbrief

Höhenunterschied: 950 Hm
Zeit: 3 Std.
Schwierigkeit: Schwierige Skitour, ab Skidepot leichte Kletterei. Häufig lawinengefährdet. Abfahrt vorwiegend Südost, Süd.
Beste Jahreszeit: März bis Mai.

Von der Regensburger Hütte Richtung Nordost in sanftem Anstieg durch das Cislestal zum Eingang des Wassertales. Dieses Tal zieht zwischen Furchetta und Wasserkofel nach Süd. Im Wechsel zwischen ansehnlichen Steilstufen und sanfterem Gelände steigt man im Tal auf. In einer Höhe von etwa 2700 m beginnt man, sich links zu halten, und steigt steil zu einer kleinen Einsattelung (2862 m) nördl. des Torkofels auf. Zu Fuß erreicht man unschwierig Richtung Nord den felsigen Gipfel.

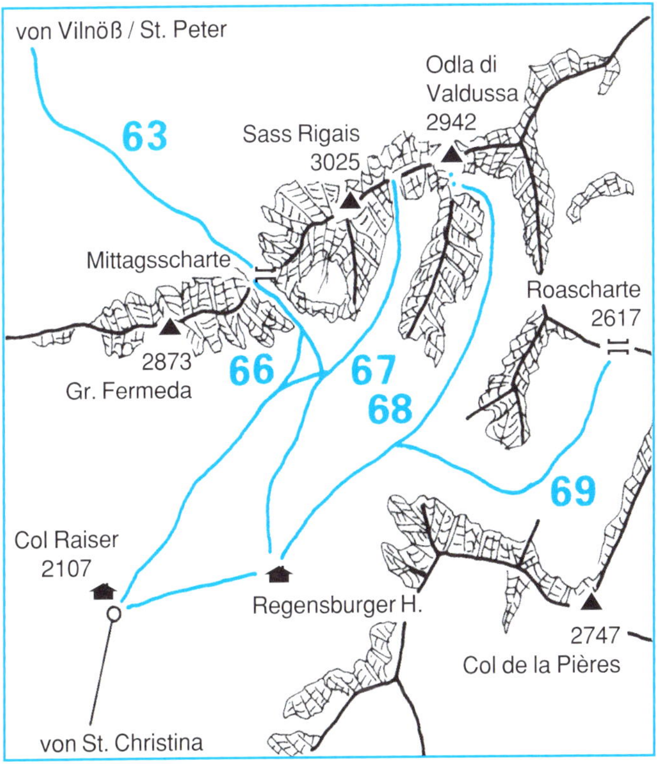
von Vilnöß / St. Peter
63
Odla di
Valdussa
2942
Sass Rigais
3025
Mittagsscharte
Roascharte
2617
66
67
68
2873
Gr. Fermeda
69
Col Raiser
2107
Regensburger H.
2747
Col de la Pières
von St. Christina

69 Roascharte (2617 m)

Touren Steckbrief

Höhenunterschied: 600 Hm
Zeit: 2 Std.
Schwierigkeit: Mittelschwere Skitour, klettertechnisch unschwierig. Mitunter lawinengefährdet. Abfahrt vorwiegend Südost, Nordwest.

Von der Regensburger Hütte (hierher in wenigen Minuten vom Col Raiser) Richtung Nordost durch das flache Cislestal. In einer Höhe von 2140 m biegt man rechtwinkelig nach Südost ab und steigt, nun in angenehmer Steilheit, zum Eingang des Roatales auf. Richtung Nordost im unteren Teil flach, dann ziemlich steil in die Scharte. Gipfelhungrige können von hier aus (zu Fuß) die Kleine Kanzel (2756 m) ersteigen (links von der Scharte durch eine steile Rinne).

Ausgangspunkt Wolkenstein, 1556 m bzw. Grödner Joch, 2115 m.

Col Toronn »Col Turond« (2655 m)

70

Viel Abfahrtsfreude für geringe Anstiegsmühe

Touren Steckbrief

Höhenunterschied: 500 Hm (Abfahrt 1100 Hm)
Zeit: 2 Std.
Schwierigkeit: Mittelschwere Skitour, klettertechnisch unschwierig. Mitunter lawinengefährdet. Abfahrt vorwiegend West.
Beste Jahreszeit: Januar bis April.

Von Wolkenstein mit dem Korblift »Dantercepies« zur Bergstation (2298 m). Den mäßig steilen Hang zur Clarkhütte (2222 m) queren (Bergstation eines Sessellifts vom Grödner Joch). Richtung Nordost, dann Richtung Nord einbiegend (wie Dolomitenweg 2) in das Cirjoch (2469 m, auch »Tschier«). Mit wenig Höhenverlust (Abfellen lohnt nicht) in die Talmulde und zum Crespeinajoch (2528 m) aufsteigen. Über den Nordrücken (mitunter arg abgeblasen) zum Gipfel. Die Abfahrt erfolgt auf dem Anstiegsweg bis ins Joch, dann durch das prachtvolle Chedultal, ein Paralleltal zur bekannten Dantercepiesabfahrt, nach Wolkenstein.

Sas Ciampei (2654 m) und Sas Ciampac (2672 m)

71

Wer sich von der geringen Gehleistung nicht ausgelastet fühlt, kann vom Crespeinajoch (schönes Holzkreuz) Richtung Ost zur Hochfläche von Crespeina abfahren. Aus dieser Hochfläche erreicht man unschwierig die Einsattelung zwischen den beiden Gipfeln und jeweils über einen gut begehbaren Rücken den höchsten Punkt. Zeitlicher Aufwand mit Rückkehr zum Crespeinajoch 2 Std.

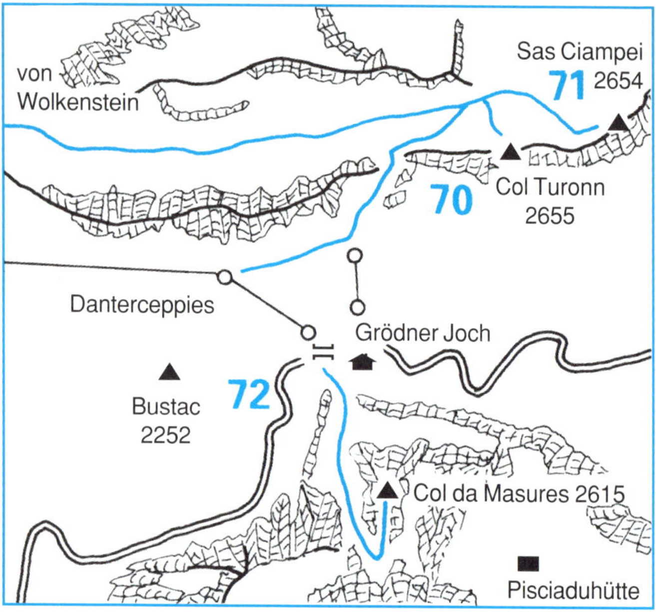

72 Col da Masures (2615 m)

»Trainingstour« für Steilflankenanwärter

Touren Steckbrief

Höhenunterschied: 500 Hm

Zeit: 1 1/2 Std.

Schwierigkeit: Sehr schwierige Skitour, klettertechnisch unschwierig. Häufig lawinengefährdet. Abfahrt vorwiegend Nordwest.

Beste Jahreszeit: April bis Juni.

Vom Grödner Joch über den nach Nord ziehenden Rücken hinauf, bis man sich oberhalb einer sperrenden Felsmauer befindet, die den Col da Masures von zwei Seiten umschließt. Hier wendet man sich nicht nach links (zur Val Setus, Dolomitenhöhenweg Nr. 2), sondern nach rechts. Auf einer breiten Rampe Richtung Süd bis zum Eingang der überaus steilen und engen Val Culea. Bei Hartschnee u.U. Pickel und Steigeisen zweckmäßig. Man erreicht eine Hochfläche und in einem Linksbogen eine kleine Kuppe, von der eine Felsfront in die Val Setus abbricht. Nach geringem Höhenverlust fast eben zum weit vorgeschobenen Gipfel.

Tourenbereich Seiser Alm

Die Seiser Alm ist eine landschaftlich ungemein reizvolle Hochfläche zwischen dem Grödental im Norden und dem Tierser Tal im Süden.

Anreise Mit dem eigenen Kraftfahrzeug kann man die Seiser Alm nur aus dem Eisacktal erreichen. Von der Ausfahrt Gröden der Autobahn über Kastelruth zu den großen Parkplätzen auf der Seiser Alm (18 km). Oder: Von der Ausfahrt Bozen-Nord auf der Staatsstraße Richtung Brenner bis Blumau, dann über Völs und Seis zum großen Parkplatz am Ende der für den allgemeinen Verkehr zugelassenen Straße (31 km von der Abfahrt Bozen-Nord). An schönen Wochenenden und Feiertagen sind Zufahrten und Parkplätze hoffnungslos überfüllt. Verkehrsbeschränkungen für den Privatverkehr werden erwogen. Von St. Ulrich im Grödental führt eine Seilbahn zur Hochfläche.
Die Tourenmöglichkeiten sind zwar bescheiden, aber nicht nur landschaftlich, sondern zum Teil auch skiläuferisch reizvoll.

Karten Im Maßstab 1:25 000 Tabacco 05 (Gröden, Seiser Alm); Tabacco Skikarte Blatt B (Gröden, Seiser Alm, Sellaronda). Im Maßstab 1:50 000 Freytag & Berndt WK S1 (Bozen, Meran und Umgebung) und S5 (Cortina, Marmolata, St. Ulrich); Kompaß Nr. 54 (Bozen) oder Nr. 59 (Sellagruppe, Marmolata).

Auskünfte und Zimmernachweis Verkehrsamt Schlern, I-39040 Kastelruth, Tel. 04 71/7 13 33. Verkehrsverein I-39050 Völs, Tel. 04 71/7 20 47.

73 Roßzähnscharte (2499 m)

Rassige Steilabfahrt – Zustieg nur mit Lifthilfe empfehlenswert

Touren Steckbrief

Höhenunterschied: 350 Hm
Zeit: 1 Std.
Schwierigkeit: Schwierige Skitour, klettertechnisch unschwierig. Mitunter lawinengefährdet. Abfahrt vorwiegend Nordwest.
Beste Jahreszeit: Februar bis April

Vom Parkplatz mit mehreren Liftanlagen, zuletzt zur Bergstation »Goldknopf II« (2245 m). Von hier sieht man bereits die steile Mulde, die zur Scharte führt. Kurze Abfahrt Richtung Südwest in den Talboden. In rasch zunehmender Steilheit zur Scharte.

Anmerkung Nach der Abfahrt empfiehlt es sich, zur Bergstation »Goldknopf II« aufzusteigen und nicht die gesamte Hochfläche zu queren.

Ausgangspunkt Zallinger Hütte, 2037 m
Für die anspruchsvolle Besteigung des Plattkofels wird empfohlen, in der Zallinger Hütte (2037 m, privat, Tel. 04 71/7 29 47) zu nächtigen, um die Tour früh genug beginnen zu können. Die

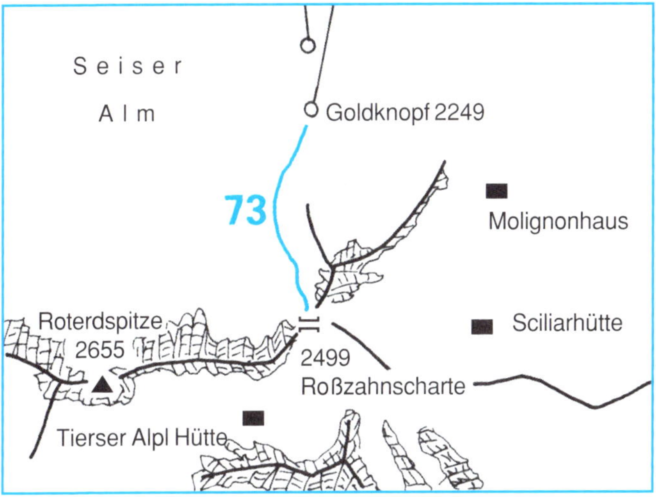

Hütte ist zumeist von Dezember bis April bewirtschaftet. Erreichbar mit Lifthilfe, über die Piste oder auf einer Fahrstraße.

Plattkofel (2958 m) 74

Prachtvolle Steilabfahrt über die Südwestflanke

Touren Steckbrief

Höhenunterschied: 950 Hm

Zeit: 3 Std.

Schwierigkeit: Schwierige Skitour, klettertechnisch unschwierig. Häufig lawinengefährdet. Abfahrt vorwiegend Südwest, Nordwest.

Beste Jahreszeit: März bis Mai.

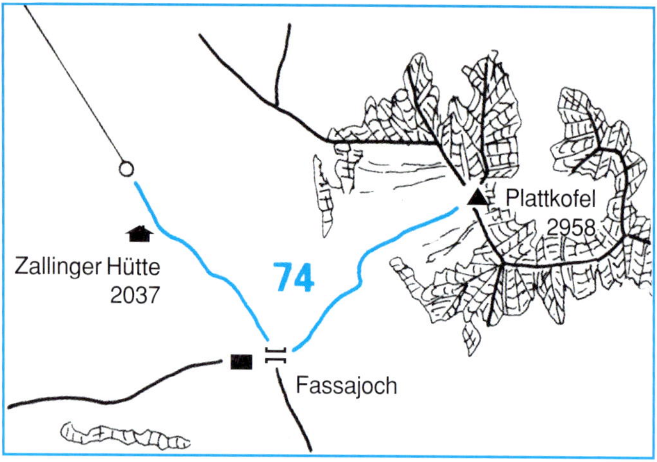

Von der Hütte Richtung Südost aufsteigen, dann nach rechts zur Plattkofelhütte (2300 m, privat, Sommerbewirtschaftung, kein Winterraum). Über einen sanften Rücken zu einer Einsattelung (2391 m), dann durchwegs steil über die Flanke zum Nordwestgipfel.

Tourenbereich Eggental

Anreise Von Kardaun (nahe der Abfahrt Bozen-Nord) durch eine eindrucksvolle Porphyrschlucht, die an die berühmte Via Mala in der Schweiz erinnert, über Welschnofen zum Karerpaß (26 km).

Die Ausbeute an Skitouren ist bescheiden. Die Gipfel des Rosengartens sind ebensowenig skifreundlich wie die der Latemargruppe. Zudem ist das Gelände unterhalb der schroffen Felswände durch zahlreiche Aufstiegshilfen erschlossen.

Karten Im Maßstab 1:25 000 Carta d'Italia 10/II/S.E. (Nova ponente) und 11/III/S.O. (Nicolo d'Ega), Tabacco 06 (Val di Fassa) für den östl. Teil des Tourengebietes; »Wanderkarte Rosengarten – Latemar« des Verkehrsverbands Welschnofen (mapgraphic). Im Maßstab 1:50 000 Freytag & Berndt WK S7 (Überetsch, Kalterersee, Südtiroler Unterland); Kompaß Nr. 54 (Bozen) und Nr. 74 (Tramin, Cavalese).

Auskünfte und Zimmernachweis Verkehrsamt I-39050 Deutschnofen, Tel. 04 71/61 65 67. Verkehrsamt I-39056 Welschnofen, Tel. 04 71/61 31 26.

Zanggen (2470 m) 75

Lohnend nur außerhalb der Betriebszeiten der Aufstiegshilfen

Touren Steckbrief

Höhenunterschied: 950 Hm
Zeit: 3 Std.
Schwierigkeit: Leichte Skitour, klettertechnisch unschwierig. Kaum lawinengefährdet. Abfahrt vorwiegend Ost, Nordwest.
Beste Jahreszeit: Dezember bis Mai.

Der prachtvolle Aussichts- und früher sehr beliebte Skitourengipfel ist heute von Ost (Reiterjoch) und von West (Lavazèjoch) durch Aufstiegshilfen erschlossen. Empfehlenswert jedoch außerhalb der Betriebszeiten der Lifte, also bis Mitte Dezember und ab Sonntag nach Ostern.

Von der Abzweigung von der Dolomitenstraße bei Birchabruck (13 km von der Autobahnabfahrt Bozen-Nord) in Richtung Lavazèjoch. Man befährt die Straße bis zu einer scharfen Rechtskurve (1566 m, »Stuppner Säge«).

Hier zweigt eine Forststraße ab, der man etwa ¹/₄ Std. folgt, dann aber nach rechts abbiegt und in mäßiger Steigung zum Reiterjoch (1996 m) ansteigt. Man bleibt deutlich rechts (westl.) vom Joch, erreicht zuerst einen kurzen Schlepplift (»Reiterjoch«), dann einen langen (»Zanggen«). Diesem folgt man in der Lifttrasse oder rechts davon im freien, nur von einzelnen Bäumen durchsetzten Skigelände, zur Bergstation. Über den breiten, sanften Hang erreicht man in 10 Min. das Gipfelkreuz.
Wer es alpiner haben möchte, fährt mit dem PKW bis zum Lavazèjoch (1807 m). In der Piste bis zur Bergstation des zweiten Schlepplifts (2160 m). Von hier quert man den ziemlich steilen Hang nach rechts zum Südwestgrat. Über diesen zu Fuß zum Gipfel.
Den Gipfelgrat kann man auch erreichen, indem man von der Talstation des Lifts auf einer breiten Forststraße Richtung Süd durch den Wald wandert, dann nach links abzweigt und auf Weg Nr. 574 zum deutlich erkennbaren Südwestrücken aufsteigt. Der Rücken ist hier noch ziemlich breit und gut mit Ski befahrbar. Über ihn steigt man auf, zuletzt ziemlich steil zu einem Vorgipfel (Reste einer Hütte). Über den zunehmend schmäleren Grat zu Fuß zum Gipfel.

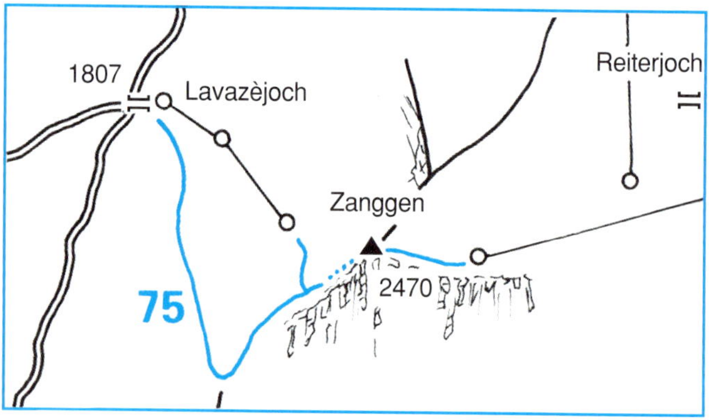

Anstieg zum Schwarzhorn am frühen Morgen über hartgefrorenen Firn.

76 Schwarzhorn (2439 m)

Steilflanke für ausgezeichnete Skibergsteiger bei sicheren Verhältnissen

Touren Steckbrief

Höhenunterschied: 500 Hm
Zeit: 1 1/2 Std.
Schwierigkeit: Sehr schwierige Skitour, ab Skidepot leichte Kletterei. Häufig lawinengefährdet. Abfahrt vorwiegend Nord.
Beste Jahreszeit: Ende März bis Mai (nach dem Ende der Betriebszeit der Aufstiegshilfen, Sonntag nach Ostern).

Vom Lavazèjoch zweigt nach rechts eine Fahrstraße ab, die durch schütteren Zirbenwald zum Joch Grimm (1989 m) führt.
Durch flaches Gelände zum Nordwestrücken, der sich zunehmend aufsteilt und zum Grat verschmälert. Unschwierig, aber ausgesetzt zu Fuß zum Gipfelkreuz. Abfahrt über die Steilflanke nach Nord, dann links haltend zum Ausgangspunkt zurück.

Nächste Doppelseite:
Schwarzhorn und Weißhorn - seit altersher beliebte Tourenziele der Bozner.

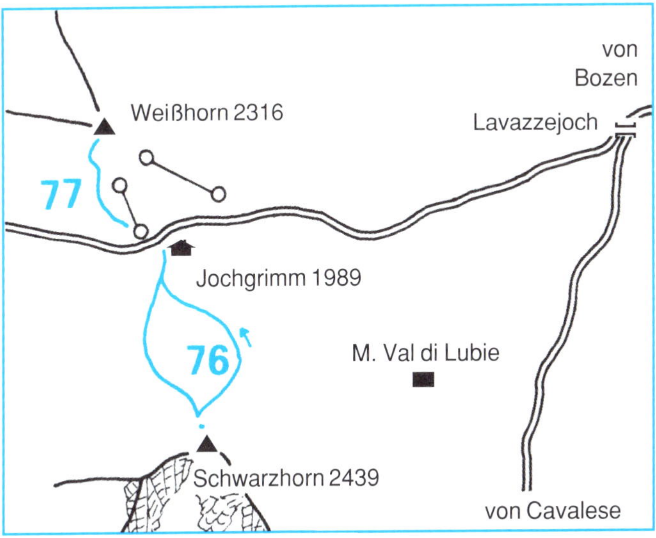

Weißhorn (2316 m) 77

Gleichfalls durch Aufstiegshilfen »geschädigter« Skigipfel

Touren Steckbrief

Höhenunterschied: 350 Hm **Zeit:** 1 Std.
Schwierigkeit: Mittelschwere Skitour, klettertechnisch unschwierig. Mitunter lawinengefährdet. Abfahrt vorwiegend Ost, Süd.
Beste Jahreszeit: Dezember bis April.

Über die mächtige, mittelsteile Südflanke steigt man zu einer Schulter auf, erreicht den Gipfelgrat und wenig später das große Gipfelkreuz (Aufstiegshilfen kurz, Benützung kaum lohnend.)

78 Erzlahnspitze (2719 m)

Großartige Steilrinne für das späte Frühjahr

Touren Steckbrief

Höhenunterschied: 1200 Hm
Zeit: 4 Std.
Schwierigkeit: Schwierige Skitour, ab Skidepot leichte Kletterei. Häufig lawinengefährdet. Abfahrt vorwiegend Nordwest.
Beste Jahreszeit: April bis Juni.

Von der Abzweigung in Birchabruck fährt man 6 km in Richtung Lavazèjoch, zweigt dann aber beim Weiler Rauth nach links ab und erreicht nach 3 km Obereggen.
Auf der Piste eines Sessellifts steigt man bis in eine Höhe von 1850 m an. Hier kreuzt die Piste zum zweiten Mal eine Forst-

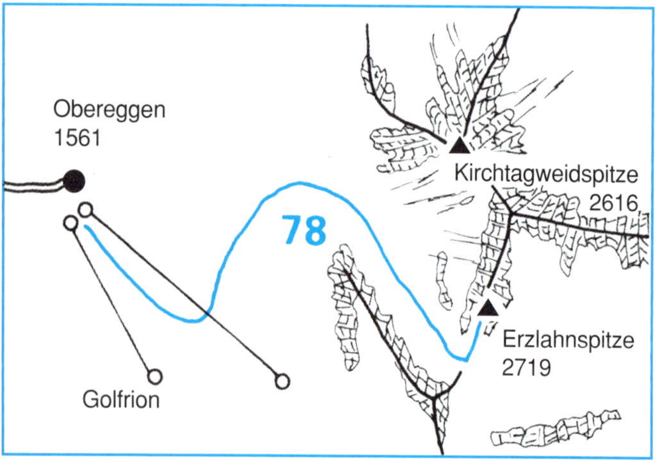

straße, die man nun Richtung Nordost verfolgt. Weiter bis zur Einmündung der Erzlahn. Die breite Mulde wird zunehmend enger und steiler. Wir verfolgen sie bis in die Erzlahnscharte (2582 m). Das ist für viele Tourengeher das Ziel. Bei günstigen Verhältnissen kann man links haltend über einen steilen Hang den Gipfel erreichen. Nach einem schneereichen Winter ist die Rinne noch im Juli befahrbar!

Skitouren im Fassatal

Das Fassatal reicht von Canazei den Avisio entlang bis nach Moena. Von Canazei strahlt es aus zu den berühmten Dolomitenpässen Sellajoch, Pordoijoch und Passo Fedaia, von Vigo di Fassa zum Karerpaß und von Moena zum Passo San Pellegrino. Die Tourenmöglichkeiten sind vielfältig.

Anreise Von der Ausfahrt Bozen-Nord durch das Eggental und über den Karerpaß nach Canazei (51 km); oder von der Abfahrt Klausen durch das Grödental und über das Sellajoch nach Canazei (43 km); die Anreise über Bozen, die Abfahrt Neumarkt und das Fleimstal vermeidet zwar einen hohen Paß, ist aber erheblich länger.

Tourenbereich Canazei (Oberes Fassatal)

Canazei (1440 m) ist der Hauptort des oberen Fassatales. Es gilt als ein Zentrum des Pistenskilaufs in den Dolomiten. Dennoch bieten sich auch für den Tourengeher viele zum Teil großartige Ziele.

Karten Im Maßstab 1:25 000 Tabacco 06 (Val di Fassa e Dolomite Fassane); AV-Karte 52/1b (Sella, mit Skirouten). Zur Planung und Übersicht: Freytag & Berndt WK S5 (Cortina, Marmolada, St. Ulrich); Kompaß Nr. 59 (Sellagruppe, Marmolata).

Auskünfte und Zimmernachweis Azienda Autonoma di Soggiorno e Tourismo, I-38032 Canazei, Tel. 04 62-6 11 13. I-38030 Alba di Canazei, Tel. 04 62-6 23 54.

Ausgangspunkt Fedaia-Stausee
Von Canazei auf einer gut ausgebauten, im Winter geräumten Bergstraße erreichbar (10 km). Unmittelbar bei der Staumauer das Rif. Ettore Castiglioni (CAI, ganzjährig bewirtschaftet, Tel. 04 62/6 11 17 oder 6 12 29).

79 Marmolata, Westgipfel (3343 m)

Höchste Erhebung der Dolomiten, italienisch »Marmolada, Punta Penia«, ladinisch »Marmoleda«

Touren Steckbrief

Höhenunterschied: 750 Hm
Zeit: 2 1/2 Std.
Schwierigkeit: Mittelschwere Skitour, ab Skidepot leichte Kletterei. Mitunter lawinengefährdet. Abfahrt vorwiegend Nord.
Beste Jahreszeit: März bis Juni.

Am Beginn des Stausees, beim Rif. Marmolada (Ettore Castiglioni) über die Staumauer zur Talstation eines Korblifts (2095 m). Mit diesem zur Bergstation Pian dei Fiacconi (2626 m). Nach dem Ende der Skisaison im April ist der Lift zumeist bis zum Beginn der Sommersaison nicht in Betrieb. Die nunmehr »echte« Skitour verlängert sich dann um 1 1/2 Std. Spät im Jahr benützt man am besten den Sommerweg, sonst steigt man auf der Piste zur Bergstation auf.

Richtung Süd über den Ghiacciao della Marmolada im Wechsel zwischen steileren Stufen und flacherem Gelände bis in eine Höhe von etwa 3100 m. Hier wendet man sich nach rechts und gelangt ziemlich steil zum Beginn einer Rinne. Diese Rinne ist steil und eng. Sie wird zu Fuß durchstiegen. Bei Vereisung sind Pickel und Steigeisen zweckmäßig, Ungeübte anzuseilen. Man erreicht das sanfte Gipfeldach und kurze Zeit später das Gipfelkreuz. Wenige Meter darunter die Capanna Punta Penia (CAI, Sommerbewirtschaftung, kein Winterraum). Großartige Aussicht.

Marmolatascharte »Forcella dalla Marmolada« (2896 m) 80

Touren Steckbrief

Höhenunterschied: 400 Hm bzw. 1200 Hm
Zeit: 2 Std. (von Bergstation Pian dei Fiacconi), bzw. 3 Std. (vom Rif. Viletta Maria).
Schwierigkeit: Mittelschwere Skitour. Mitunter lawinengefährdet. Abfahrt vorwiegend Nord.
Beste Jahreszeit: März bis Juni.

Durch die lange Querung wird die schöne Tour etwas abgewertet. Logischer Anstieg vom Rif. Viletta Maria (1681 m) nahe der Auffahrt zum Fedaia-Stausee, erst spät im Jahr empfehlenswert, wenn die felsige Stufe am Beginn des Anstiegs weitgehend aper ist und man den Sommerweg (links davon steiles felsdurchsetztes Gelände) benützen kann.
Von der Bergstation Pian dei Fiacconi Richtung West abfahren, bis man bei etwa 2500 m um einen Felssporn herum in den westlichsten Lappen des Ghiacciao della Marmolada einqueren

kann. Richtung Süd in zunehmender Steilheit in die Scharte. Übergang zum Contrinhaus möglich, sehr schöne Abfahrt!

Vom Rif. Viletta Maria: Von Canazei auf der Straße zum Fedaia-Stausee bis zu der scharfen Linkskurve in 1700 m Höhe. Hier zweigt ein Fahrweg ab, der leicht abwärts in etwa 150 m zur Hütte führt. Von der Hütte auf dem Sommerweg zu einer felsigen Stufe, dann entlang der letzten Ausläufer des erwähnten Felssporns zum Gletscher und in die Scharte.

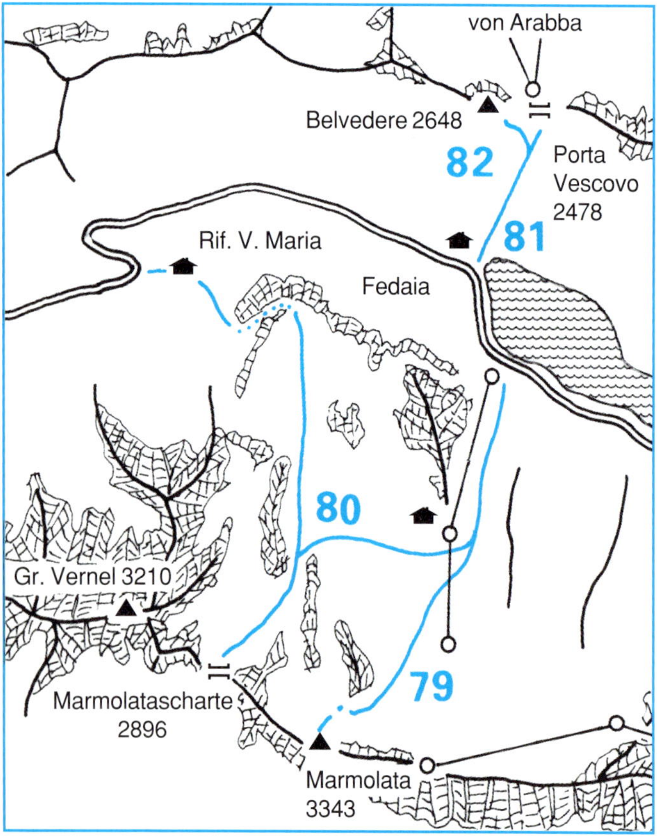

Porta Vescovo (2478 m)

81

Touren Steckbrief

Höhenunterschied: 450 Hm
Zeit: 1 1/2 Std.
Schwierigkeit: Mittelschwere Skitour, klettertechnisch unschwierig. Mitunter lawinengefährdet. Abfahrt vorwiegend Süd.
Beste Jahreszeit: Januar bis April.

Vom Rif. Marmolada (Castiglioni) am Beginn des Fedaia-Stausees durch eine deutlich ausgeprägte Mulde Richtung Nord, einem kleinen Felsabbruch rechts ausweichend, in die Scharte. Hier stößt man auf Pistenfahrer, die mit der großen Gondelbahn von Arabba heraufbefördert werden.

Belvedere (2648 m)

82

Gipfelhungrige müssen sich nicht mit der Porta Vescovo zufriedengeben. In einer halben Stunde läßt sich über einen schönen Steilhang ein Gipfel erreichen, dessen Name mit Recht eine prachtvolle Aussicht verheißt: Belvedere. Richtung West zu dem leicht überwächteten Rücken und über diesen zum höchsten Punkt.

Ausgangspunkt Pordoi-Joch (2250 m)
7 km von Canazei. Gondelbahn, Bergstation (2950 m) oberhalb der Pordoi-Scharte (2938 m).

Nächste Doppelseite:
Vom Anstieg zum Piz Boè. Unter uns die Straße zum Pordoijoch. Im Mittelgrund die Marmolata, dahinter (links) der Antelao.

83 Piz Boè (3152 m)

Kurzer Anstieg, gewaltige Abfahrten durch die Val de Mezdi (Mittagstal) nach Kolfuschg (Nord) oder nach Corvara (West, in der unteren Hälfte Piste)

Touren Steckbrief

Höhenunterschied: 300 Hm
Zeit: 1 1/2 Std.
Schwierigkeit: Schwierige Skitour, klettertechnisch unschwierig. Abfahrt vorwiegend Nord, West, Süd (je nach Abfahrtsroute).
Beste Jahreszeit: Februar bis Mai.

Von der Bergstation kurze Abfahrt in die Pordoi-Scharte (Rif. Forcella Pordoi, privat, Sommerbewirtschaftung, kein Winterraum). Richtung Ost queren, dann Richtung Nord einbiegen. Aus dem ungemein flachen Boden steigt man über den deutlich ausgeprägten Südwestrücken (zumeist zu Fuß) zum Gipfel auf. Capanna Piz Fassa (privat, Sommerbewirtschaftung, kein Winterraum). Prachtvolle Aussicht. Abfahrtsmöglichkeiten:
a) Nach Kolfuschg: Zu Fuß ein kurzes Stück über den Nordgrat, bis sich eine günstige Möglichkeit bietet, in den Westhang einzufahren. Die Schlüsselstelle ist ein enges Steilkar bei etwa 3000 m, der einzig mögliche Durchschlupf zwischen den Felsen. Anschließend über prachtvolles Skigelände zur bereits sichtbaren Bamberger Hütte (Rif. Boè, 2871 m). Richtung Nord steil und eng in das Mittagstal. Vorsicht bei Hartschnee, hier ereigneten sich bereits tödliche Unfälle! In einer Höhe von 2600 m weitet sich das Tal. Ohne Orientierungschwierigkeiten Richtung Nord, eine schluchtartige Engstelle bei etwa 2000 m kann heikel sein. Immer rechts vom Bach bleibend, erreicht man den flachen Talboden und auf einem Fahrweg Kolfuschg im Gadertal.

b) Nach Corvara: Vom Gipfel in einem Linksbogen über den Rücken. Noch vor einem Felsabbruch biegt man Richtung Nordost ein.

Wenig später zweigt man scharf nach rechts ab und fährt Richtung Südost durch eine schmale Rinne (»Pigolerzrinne«, einziger Durchschlupf zwischen den Felsen!) ab. Unmittelbar nach den Felsabbrüchen hält man sich wieder links und erreicht, unter eindrucksvollen Felsmauern querend, in der Grundrichtung Nord die Bergstation der Liftanlagen von Corvara. Will man zum Ausgangspunkt Pordoi-Joch zurückkehren, ist es günstiger, nach der Querung unterhalb der Felsen neuerlich scharf nach rechts abzubiegen und – teilweise sehr schwierig und heikel! – erst Richtung Ost, dann Richtung Süd, nach Arabba abzufahren (im letzten Teil gleichfalls Piste).

c) Zur Sellajoch-Paßstraße: Vom Gipfel wie bei a) zur Bamberger Hütte, 2871 m; CAI, Sommerbewirtschaftung, Winterraum mit 4 Lagern). Richtung Nordnordwest über den Zwischenkofel auf den eigentlichen Sellastock zur Forcella d'Antersass (2830 m).

Richtung West queren, bis man am Beginn eines schroffen Felsabbruches Richtung Süd einbiegen kann. In schöner Abfahrt zur Ebene Pian de Roces, dann in wechselnder Steilheit durch die Val Lasties. Auf dem flachen Boden Pian del Siella verläßt man das Bachbett des Rio Antermoi und fährt entlang der berühmten Pordoi-Westwand, im Mittelteil steil, zum Rif. Monti Pallidi (1850 m) ab.

d) Unmittelbar zur Sellajoch-Paßstraße: Auf dem Anstiegsweg zurück, bis man nach rechts in die Val Lasties einzweigen kann. Nicht zu früh abbiegen, Felsabbrüche! Auf der zu einer rauhen Piste eingefahrenen Abfahrt zur Paßstraße. Vom Rifugio Monte Pallidi bzw. Rif. Schiavaneis der Straße entlang, bis man auf die Abfahrt der Belvedere-Lifte stößt. Man folgt ihr bis Lupo Bianco (1715 m). Mit zwei Sesselliften zum Sass Becé (2426 m). Über den Rücken und in steiler Hangquerung (mitunter heikel) zurück zum Pordoijoch.

e) Natürlich ist es auch möglich, zur Pordoischarte aufzusteigen und auf der normalen, sehr steilen und bei Vereisung im oberen Teil heiklen Abfahrt zum Pordoijoch zurückzukehren.

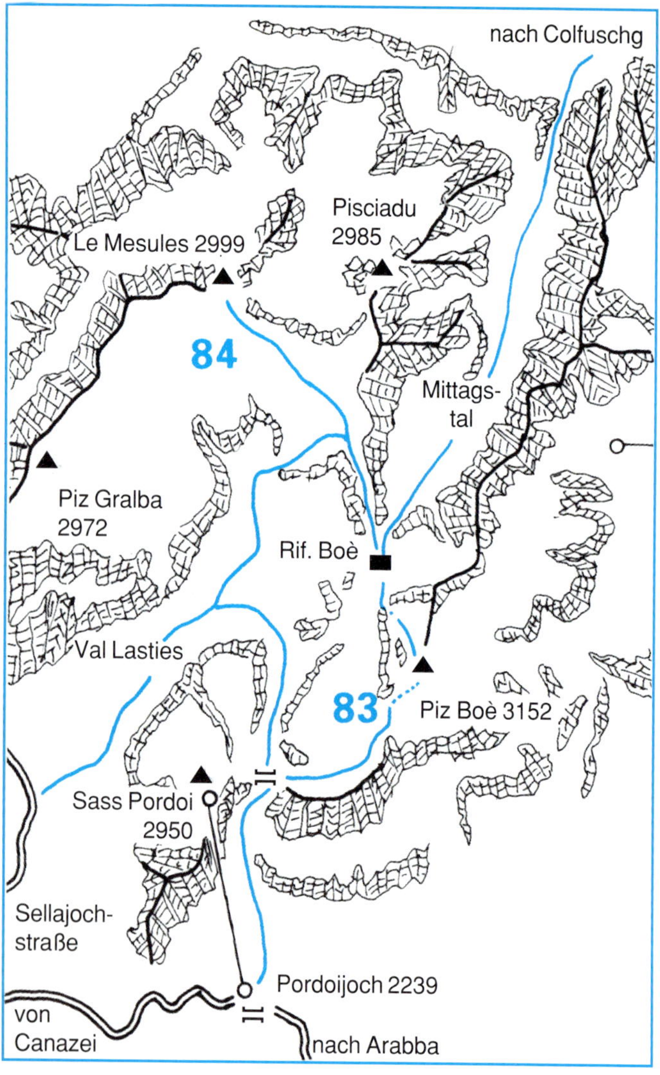
nach Colfuschg
Pisciadu
2985
Le Mesules 2999
84
Mittags-
tal
Piz Gralba
2972
Rif. Boè
Val Lasties
83
Piz Boè 3152
Sass Pordoi
2950
Sellajoch-
straße
Pordoijoch 2239
von
Canazei
nach Arabba

Les Mesules (2999 m) 84

Landschaftlich schöne Wanderung über das Sellaplateau. Besonders eindrucksvoll in Verbindung mit einer – anspruchsvollen! – Abfahrt zum Grödner Joch (= Durchquerung des Sellastocks)

Touren Steckbrief

Höhenunterschied: 300 Hm
Zeit: 1 1/2 Std.
Schwierigkeit: Schwierige Skitour, klettertechnisch unschwierig. Abfahrt vorwiegend Nord, West, Süd (je nach Abfahrtsroute).
Beste Jahreszeit: Februar bis Mai

Von der Bergstation Abfahrt zur Pordoi-Scharte, dann Abfahrt Richtung Nord durch den »Langen Graben« in die Ebene Pian de Roces (bis etwa 2480 m). Hier beginnt der Anstieg. Weiterhin Richtung Nord, bis man in einer Höhe von 2650 m eine von Felsen umschlossene Mulde erreicht. Man biegt scharf nach rechts ab und erreicht Richtung West die Forcella Antersass (2830 m). In der Grundrichtung Nordwest durch »unruhiges Gelände« zu einem kleinen See (2908 m) am Beginn der Valle di Pisciadu. Wir fahren nicht in dieses Tal ein, sondern steigen in derselben Grundrichtung zum Gipfel weiter.
Oder: Abfahrt zur Pordoi-Scharte. Lange Querung zur Bamberger Hütte. Aufstieg zum Zwischenkofel (2908 m) und kurze Abfahrt zur Forc. d`Antersass (2830 m). Weiter wie oben!
Für die Abfahrt bieten sich verschiedene Möglichkeiten:
a) Abfahrt zur Sellajoch-Paßstraße: Auf dem Anstiegsweg zur Ebene Pian de Roces. Durch die Val Lasties zum Rif. Monti Pallidi.
b) Zum Grödner Joch: Vom Gipfel zurück zum Beginn der Valle Pisciadu. In wechselnder Steilheit erreicht man den Pisciadusee und die etwas oberhalb gelegene Pisciaduhütte (2585 m,

privat, Sommerbewirtschaftung, kein Winterraum). Richtung Nordwest zum Eingang der Val Setus queren. Durch dieses Tal – teilweise eng und steil – zur Paßstraße, die man unterhalb des Grödner Jochs, bei etwa 1900 m, erreicht.

c) Noch steiler (skitechnisch »sehr schwierig«) ist die Abfahrt durch die Val Culea zum Grödner Joch – nur für hervorragende Skibergsteiger bei besonders günstigen Verhältnissen! Vom Gipfel nicht zur Pisciaduhütte, sondern von der Gamsscharte südwestlich des Gipfels zu einer ebenen Hochfläche, aus der man in die Val Culea einfährt. Richtung Nordwest durch das steile und enge Tal. Oberhalb einer Felsmauer Richtung Nordost zu einem Rücken queren, der zum Joch hinabführt.

Tourenbereich Val del Vajolet

Das Vajolettal zieht von Pera di sopra, einer Fraktion von Pozza di Fassa, in den Talkessel der Gardeccia im Herzen der Rosengartengruppe. Die berühmten Kletterberge sind selbstverständlich keine Skiziele. Zahlreiche Scharten ermöglichen jedoch hübsche Abfahrten und hohen Landschaftsgenuß, und ganz verzichten muß man auch auf Gipfel nicht.

Karten Im Maßstab 1:25 000 Tabacco 06 (Val di Fassa e Dolomiti Fassane). Im Maßstab 1:50 000 Freytag & Berndt WK S5 (Cortina, Marmolada, St. Ulrich); Kompaß Nr. 59 (Sellagruppe, Marmolata) oder Nr. 54 (Bozen).

Auskünfte und Zimmernachweis Verkehrsbüro I-38031 Campitello di Fassa, Tel. 04 62-6 11 37, I-38039 Vigo di Fassa, Tel. 04 62/6 40 93 oder 6 40 94, I-38036 Pozza di Fassa, Tel. 04 62/6 41 17 oder 6 41 36.

Ausgangspunkt Rifugio Gardeccia, 1949 m

Der großartige Talkessel der Gardeccia, der im Sommer von Schaulustigen geradezu überschwemmt wird, ist im Winter einsam. Von den drei Stützpunkten, dem Rif. Catinaccio, dem Rif. Stella Alpina und dem Rif. Gardeccia ist nur das letztgenannte geöffnet. Die Anstiege sind jedoch auch als Tagestouren möglich, weil der Zustieg zur Gardeccia durch Aufstiegshilfen verkürzt wird.

Das Rif. Gardeccia ist ein privater Berggasthof, in der Skitourenzeit etwa von 20. Februar bis 10. April geöffnet.

a) Von Pozza di Fassa: Etwa 2 km Richtung von Pozza in Richtung Canazei zweigt nach links eine Fahrstraße ab, die über den Weiler Ronch (1484 m) zum Weiler Muncion (auch »Monzon«, 1511 m) führt. Kurz danach Fahrverbot, wenig Parkmöglichkeit. Auf der (im Winter nicht geräumten) Fahrstraße zur Hütte. 1 1/2 Stunden.

b) Von Pera di sotto: Etwa 1 km von Pozza di Fassa in Richtung Canazei. Rechts von der Straße großer Parkplatz bei einem Sessellift. Mit dem Sessellift Vajolet I und dem anschließenden Vajolet II zu einer Art »Aufstiegshilfenbahnhof« (Pian Peccei). Von den drei Liften nimmt man den Sessellift ganz rechts (»Cigolade«, Bergstation etwa 2050 m). Auf dem meist breit ausgefahrenen Weg erreicht man abfahrend, jedoch mit einigen kleinen Gegenanstiegen, die Gardeccia.

c) Von Vigo di Fassa: Großer Parkplatz bei der Gondelbahn. Mit der Gondel zur Bergstation Ciampedie (1997 m). Abfahrt auf der Piste nach Pian Peccei und mit dem Sessellift »Cigolade« zur Bergstation. Wie bei b) zur Gardeccia.

85 Passo delle Cigolade »Zigolade« (2550 m)

Touren Steckbrief

Höhenunterschied: 600 Hm
Zeit: 2 Std.
Schwierigkeit: Mittelschwere Skitour, klettertechnisch unschwierig. Mitunter lawinengefährdet. Abfahrt vorwiegend Nord, Nordost.
Beste Jahreszeit: Dezember bis April.

Vom Rif. Gardeccia durch die Ebene Richtung Süd, dann Richtung Südwest über schöne Hänge ansteigen. In einer Höhe von etwa 2200 m hält man sich stärker links und steigt Richtung Süd zu der Einsattelung östl. der eindrucksvollen Mugonispitzen auf. Abfahrt wie Aufstieg oder rechts von der Cima di Curaton.

86 Tschagerjoch (2630 m)

Touren Steckbrief

Höhenunterschied: 700 Hm
Zeit: 2 Std.
Schwierigkeit: Mittelschwere Skitour, klettertechnisch unschwierig. Mitunter lawinengefährdet. Abfahrt vorwiegend Ost.
Beste Jahreszeit: Februar bis April.

Von der Hütte Richtung West, bis sich der Hang aufsteilt und Felsen nach rechts abdrängen. Rechts ziemlich steil an diesen Felsen vorbei in einen weiten Kessel, aus dem man ohne Schwierigkeiten das Joch erreicht.

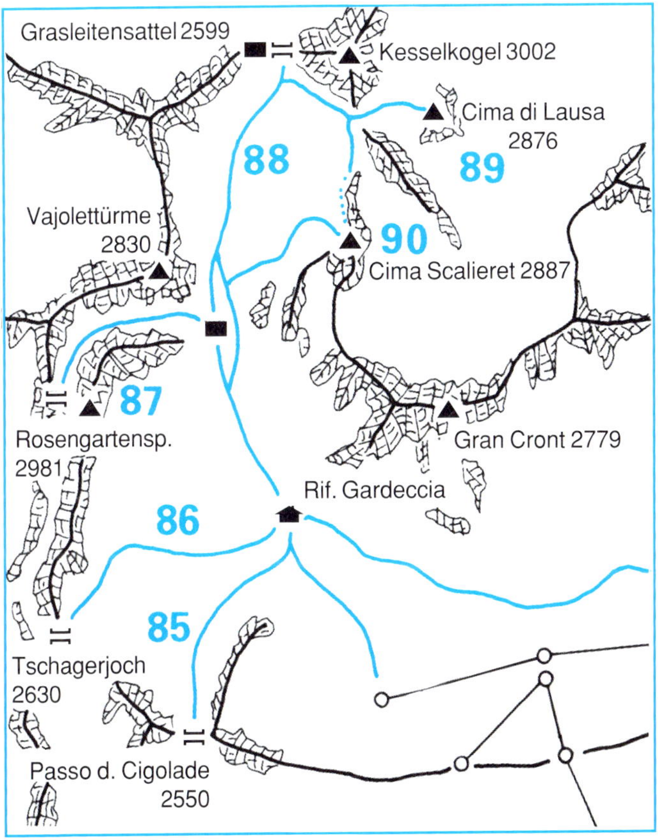

Nächste Doppelseite:
Rund um Vajolett- und Preußhütte wirbelt es im Sommer. Im Winter ist es in diesem Teil der Rosengartengruppe sehr einsam.

87 Santnerpaß (2734 m)

Großartiger Anstieg mit eindrucksvollem Blick auf die berühmten Vajolettürme

Touren Steckbrief

Höhenunterschied: 800 Hm
Zeit: 2 1/2 Std.
Schwierigkeit: Schwierige Skitour, klettertechnisch unschwierig. Häufig lawinengefährdet. Abfahrt vorwiegend Ost, Süd.
Beste Jahreszeit: Februar bis April.

Vom Rifugio Gardeccia mit geringem Höhengewinn talein, dann etwas steiler zum Rifugio Vajolet hinauf (CAI, Sommerbewirtschaftung, Winterraum mit 12 Lagern; daneben in aufregender Lage oberhalb einer Felswand die kleine Preußhütte). Richtung West ohne Orientierungsschwierigkeiten durch ein sehr steiles Kar zwischen der Punta Emma, dem nördlichen Ausläufer der Rosengartenspitze, und den Vajolettürmen, zur Gartlhütte (2621 m, privat, Sommerbewirtschaftung). Rechts von der Hütte flach durch die Mulde und, nunmehr wieder steiler, zum Paß hinauf (Santnerpaßhütte, privat, Sommerbewirtschaftung).

88 Grasleitensattel (2599 m)

Touren Steckbrief

Höhenunterschied: 650 Hm

Touren Steckbrief-Fortsetzung

Zeit: 2 Std.
Schwierigkeit: Leichte Skitour, klettertechnisch unschwierig. Mitunter lawinengefährdet. Abfahrt vorwiegend Süd.
Beste Jahreszeit: Dezember bis April.

Wie beim Anstieg zum Santnerpaß zur Vajolethütte. Links oberhalb einer Bachschlucht quert man die mäßig steilen Hänge zum Talschluß und erreicht wenige Minuten später den Sattel. Links vom Sattel die Grasleitenpaßhütte (privat, Sommerbewirtschaftung, italienisch Rif. Principe). Etwas schwieriger, aber ungleich reizvoller, ist die Abfahrt im teilweise schluchtartig eingeschnittenen Vajolettal unterhalb der beiden Hütten.
Anmerkung: Gute Bergsteiger, die den I. Schwierigkeitsgrad auch unter winterlichen Bedingungen beherrschen, können bei günstigen Verhältnissen vom Grasleitenpaß über einen leichten Klettersteig in einer Stunde den höchsten Gipfel der Rosengartengruppe erreichen: Kesselkogel (3002 m).

Cima di Lausa (2876 m) 89

Einer der wenigen Skigipfel der Rosengartengruppe

Touren Steckbrief

Höhenunterschied: 950 Hm
Zeit: 3 Std.
Schwierigkeit: Mittelschwere Skitour, klettertechnisch unschwierig. Mitunter lawinengefährdet. Abfahrt vorwiegend West, Süd.
Beste Jahreszeit: Februar bis April.

Vom Rif. Gardeccia zur Vajolethütte und weiter bis unterhalb des Grasleitensattels. Vor dem letzten Hang zum Sattel biegt man scharf nach rechts ab und steigt ziemlich steil zum Antermoiasattel auf. Etwas steil, aber ohne besondere Schwierigkeiten, über den Nordwesthang zum Gipfel.

90 Cima Scaliaret (2887 m)

Bedeutender Gipfel mit prachtvoller Abfahrtsvariante!

Touren Steckbrief

Höhenunterschied: 950 Hm
Zeit: 3 1/2 Std.
Schwierigkeit: Mittelschwere Skitour, klettertechnisch unschwierig. Mitunter lawinengefährdet. Abfahrt vorwiegend West, Süd.
Beste Jahreszeit: Februar bis April.

Vom Rif. Gardeccia bis unterhalb des Grasleitenpasses und weiter zum Antermoiapaß. Der Paß ist eine weite Fläche, aus der man unschwierig nach rechts zum Scaliaretpaß weitersteigen kann. Die Cima Scaliaret erreicht man zu Fuß über den langen Gratrücken. Gute Skiläufer können bei sicheren Schneeverhältnissen vom Gipfel unmittelbar ins Vajolettal abfahren (schwierig).
Kürzer und einfacher kann man vom Scaliaretpaß die Cima di Larsec (2889 m) erreichen. Vom Paß Richtung Ost in 20 Minuten.

Tourenbereich Moena – Pellegrinopaß

Trotz der zahlreichen Aufstiegshilfen ist das Liftzentrum Pellegrinopaß auch für den Tourengeher interessant.

Anreise Von Moena zum Pellegrinopaß (12 km).

Karten Im Maßstab 1:25 000 Tabacco 06 (Val di Fassa e Dolomiti Fassane), nur für die Süd-Anstiege; Carta d`Italia 11/II/Süd. Ost. (Passo di Valles) und 11/II/Süd.E. (Forno di Canale). Im Maßstab 1:50 000 Freytag & Berndt WK S5 (Cortina, Marmolada, St. Ulrich); Kompaß Nr. 59 (Sellagruppe, Marmolata) für die Nordseite, Nr. 76 (Pale di San Martino) für die Touren südlich des Passes.

Auskünfte und Zimmernachweis Verkehrsbüro I-38035 Moena, Tel. 04 62-5 31 22.

Laste Picol 91
»Cima Lastei Piccola« (2697 m)

Touren Steckbrief

Höhenunterschied: 800 Hm
Zeit: 2 1/2 Std.
Schwierigkeit: Leichte Skitour, ab Skidepot leichte Kletterei. Mitunter lawinengefährdet. Abfahrt vorwiegend Süd, Südost.
Beste Jahreszeit: Dezember bis April.

Von der Paßhöhe (1918 m) auf der Piste Richtung Nord zur Bergstation eines Sessellifts, mit dem man sich etwa 40 Minuten Anstieg ersparen kann. Weiter Richtung Nordwest durch sanft geneigtes Gelände, im letzten Teil des Anstiegs etwas steiler, zum Passo di Sele mit der geichnamigen Hütte (2578 m, privat, Sommerbewirtschaftung). Richtung Nord ziemlich steil bis zum Beginn der Felsen. In leichter Kletterei weiter zum Gipfel. Der Paß kann auch als Übergang in die Val dei Monzoni benützt werden.

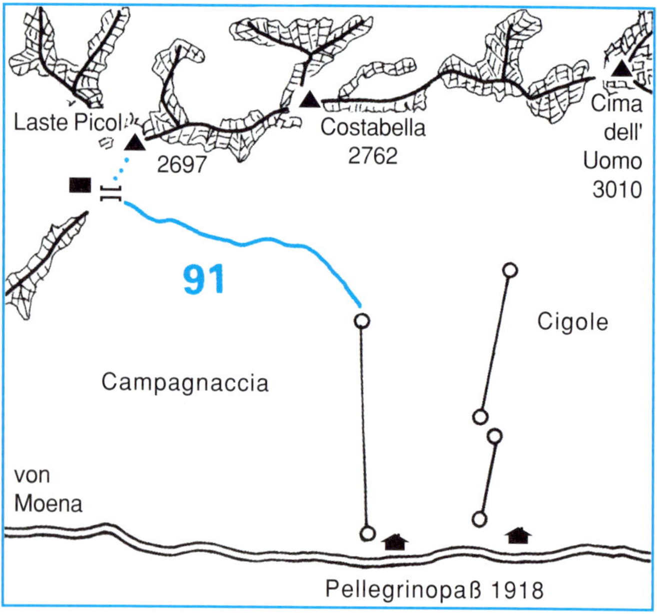

Anstieg zur Cima Cadine. Im Hintergrund die Pala.

92 Cima Cadine (2885 m)

Touren Steckbrief

Höhenunterschied: 1050 Hm
Zeit: 3 1/2 Std.
Schwierigkeit: Schwierige Skitour, klettertechnisch unschwierig. Häufig lawinengefährdet. Abfahrt vorwiegend Süd, Südost.
Beste Jahreszeit: Februar bis April.

Vom Pellegrinopaß etwa 2 km Richtung Ost bis zur Abzweigung einer breiten, asphaltierten Fahrstraße zum Rifugio Floralpina (privat, auch im Winter bewirtschaftet, Tel. 04 37-5 91 50). Hier führt ein Schlepplift bis in einer Höhe von 2000 m. Liftbenützung erspart 1/2 Anstiegsstunde. Von der Bergstation mit leichtem Höhenverlust Richtung Nord auf die vielen Almhütten zu einqueren. Ohne Liftbenützung steigt man entweder auf der linken (westl.) Piste bis zur Waldgrenze auf und verläßt die Piste, sobald man nahezu eben in den Talboden einqueren kann, oder man steigt, bevor die Straße ein Bachtal quert, links davon auf. Das Rif. Fuciade (1982 m, Sommerbewirtschaftung) und zahlreiche Almhütten berührt man nicht, sondern überquert das Talbecken erst bei einer schluchtartigen Verengung. Durch sie zu einem weiten Talboden, aus dem man links in die Val Tasca abzweigt und steil Richtung Nordwest aufsteigt. In etwa 2300 m erreicht man etwas sanfteres Gelände, hält sich wieder genau Nord und erreicht, neuerlich steil, eine Felsbarriere umgehend, den Passo delle Cirelle (2683 m). Über den breiten Ostrücken unschwierig zum Ostgipfel. Nach rechts, etwas steiler, zur Punta Cigole (2815 m). Vom Passo delle Cirelle kann man ins Contrintal abfahren.

Forcella di Laghet (2765 m) 93

Wie bei R 92 über die erste Steilstufe in die Val Tasca. Nun nicht nach links wie zur Cima Cadine, sondern im Tal weiter, bis man nach links – Richtung Süd – zur Forcella di Laghet abbiegen kann. Bei sehr sicheren Schneeverhältnissen ist eine Abfahrt durch das steile Südkar ins Liftgebiet möglich. Durch ein Tälchen kann man Richtung Ost zum Rif. Fuciade abfahren und den Ausgangspunkt erreichen.

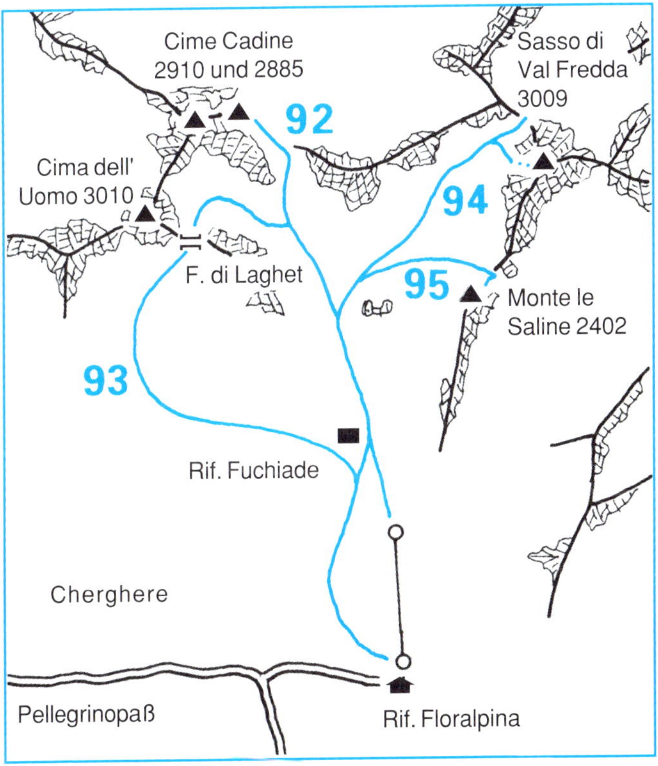

94 Sasso di Val Fredda (3009 m)

Touren Steckbrief

Höhenunterschied: 1200 Hm
Zeit: 4 Std.
Schwierigkeit: Schwierige Skitour, ab Skidepot leichte Kletterei. Häufig lawinengefährdet. Abfahrt vorwiegend Südwest, Süd.
Beste Jahreszeit: Februar bis Mai.

Vom Rif. Floralpina wie beim Anstieg zur Cima Cadine in das Becken nach der Bachschlucht (etwa 2250 m). Hier sieht man bereits das großartige, von zwei felsigen Kämmen begrenzte steile Kar, das Richtung Nordost zur Forcella del Bachet (2836 m) zieht. Ohne Orientierungsschwierigkeiten, aber sehr steil, erreicht man den Sattel. Ein lohnendes Ziel für gute Skiläufer! Will man den Gipfel ersteigen, steigt man bereits 150 m unterhalb der Scharte durch eine steile Rinne zum Südkamm auf. In leichter Kletterei über den Kamm zu einem kleinen Sattel und zuletzt von West her zum Gipfel.

95 Monte le Saline (2402 m)

Touren Steckbrief

Höhenunterschied: 600 Hm
Zeit: 2 Std.

Touren Steckbrief-Fortsetzung

Schwierigkeit: Mittelschwere Skitour, klettertechnisch unschwierig. Mitunter lawinengefährdet. Abfahrt vorwiegend West, Süd.
Beste Jahreszeit: Dezember bis April.

Sollten es die Verhältnisse nicht ratsam scheinen lassen, die Steilstufe zu begehen, bietet sich der Monte le Saline als lohnendes Ausweichziel an. Wie bei R 92 durch die schluchtartige Engstelle zu dem weiten Becken. Hier jedoch nicht nach links zum Steilhang bzw. geradeaus zur Forcella Bachet, sondern nach rechts, Richtung Ost, durch sanftes Gelände bis zum ansehnlich steilen Gipfelhang. Mit Ski unschwierig zum Gipfel.
Auch der Pizzo Forca (2285 m), ein hübscher Skigipfel, ist aus der Val Fredda über die sanfte Westflanke leicht erreichbar. 1 1/2 Stunden.

Cima Juribrutto (2697 m) 96

Touren Steckbrief

Höhenunterschied: 900 Hm
Zeit: 3 Std.
Schwierigkeit: Mittelschwere Skitour, klettertechnisch unschwierig. Mitunter lawinengefährdet. Abfahrt vorwiegend Süd, Nord.
Beste Jahreszeit: Dezember bis April.

3 km westlich der Paßhöhe befindet sich das Haus Negritella (1780 m, Langlaufzentrum, großer Parkplatz). Über eine Brücke

Richtung Süd zur Malga Campo d`Orso. Man überquert die Loipen und steigt in der Val d'Orso ohne Orientierungsschwierigkeiten zwischen den steilen Flanken der Cima Bocche rechts und der Cima Juribrutto links zur Forcella di Juribrutto (2381 m) auf. In einem weiten Linksbogen erreicht man von Süd über sanftes weites Gelände den Gipfel. Zahlreiche Schützengräben und andere Anlagen aus dem Ersten Weltkrieg. Wer es bequemer haben möchte, kann mit der Seilbahn zum Col Margherita auffahren. Die Bergstation liegt etwas unterhalb des Gipfels (2550 m), die Talstation etwa 1 km östlich der Paßhöhe. In gemütlicher Kammwanderung in etwa 1 Stunde zum Gipfel. Bei sicheren Schneeverhältnissen bietet sich für ausgezeichnete Skifahrer folgende Abfahrtsvariante: Vom Gipfel Richtung Südost in die Forcella di Vallazza (2521 m) – Ski ev. ein kurzes Stück tragen. Durch eine sehr steile Nordrinne, die sich weiter unten zu einem schönen Skikar ausweitet, bis zur Waldgrenze. Nach rechts durch sanftes Waldgelände zur Paßhöhe.

97 Cima Bocchè (2745 m) Von Norden

Touren Steckbrief

Höhenunterschied: 1000 Hm
Zeit: 3 Std.
Schwierigkeit: Mittelschwere Skitour, klettertechnisch unschwierig. Mitunter lawinengefährdet. Abfahrt vorwiegend Nord.
Beste Jahreszeit: Dezember bis April.

Wie beim Anstieg zur Cima Juribrutto in die Val d'Orso. In einer Höhe von etwa 2000 m hält man sich weiter rechts und steigt durch ein schönes Kar in wechselnder Steilheit zur Forcella di

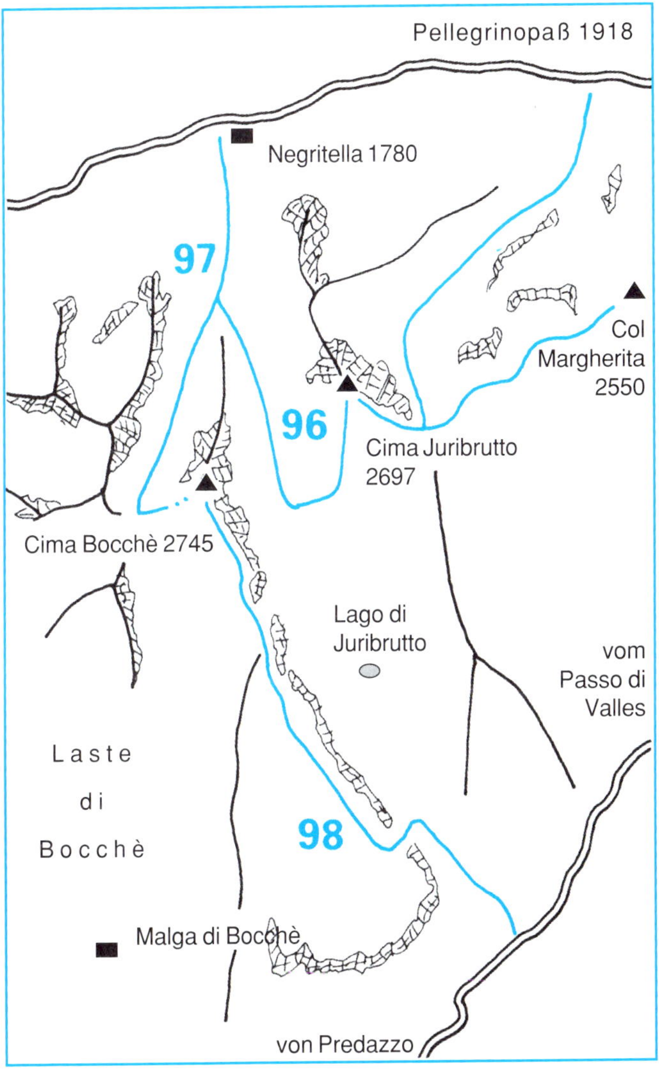
Pellegrinopaß 1918
Negritella 1780
97
96
98
Col Margherita 2550
Cima Juribrutto 2697
Cima Bocchè 2745
Lago di Juribrutto
vom Passo di Valles
Laste di Bocchè
Malga di Bocchè
von Predazzo

Bocchè (2543 m) auf, die man zuletzt über einen kurzen Steilhang erreicht. Weiterhin steil über einen Rücken nach links, zuletzt zu Fuß zum Holzkreuz auf dem aussichtsreichen Gipfel.

Skitouren im Fleimstal

Fleimstal (Val di Fiemme) heißt der mittlere Teil des Avisio-Tales, unterhalb des Fassatales und oberhalb der Val di Cembra. Das Fleimstal beginnt mit Predazzo, dem größten Ort des Tales, und endet bei Capriana. Viele deutschsprachige Tourengeher dürften erst durch die nordischen Ski-Weltmeisterschaften 1991 auf dieses Tal aufmerksam geworden sein. Das Fleimstal bietet nicht nur Langläufern hervorragende Loipen. Auch für den Tourengeher und Skibergsteiger erschließen sich zahlreiche Möglichkeiten, vor allem auf der linken Talseite, in der bei uns wenig bekannten Catena di Lagorai (Lagorai-Kette).

Anreise Von Bozen auf Autobahn oder Staatsstraße Richtung Süd nach Auer. Richtung Ost auf gut ausgebauter Bergstraße in vielen Kehren nach Kaltenbrunn und zur Provinzgrenze Südtirol/Trient. Wenig später erreicht man das Fleimstal und als ersten größeren Ort Cavalese (21 km von Auer).

Tourenbereich Predazzo

Predazzo (1014 m) ist der größte Ort im Fleimstal. Von Predazzo führt eine Straße durch die Val Travignolo nach Paneveggio (1515 m) und weiter nach Nordost zum Passo di Valles (2032 m) bzw. nach Südost zum Passo di Rolle (1955 m). Außer dieser Straße ist für den Tourengeher die Forststraße zur Malga di Valmaggiore wichtig (zumeist erst im Mai befahrbar). Vom nahe gelegenen Ziano di Fiemme bzw. von Panchia ergeben sich Tourenmöglichkeiten in der Valle Sadole und in der Val Cavelonte.

Karten Im Maßstab 1:25 000 Tabacco 014 (Val di Fiemme, Lagorai, Latemar), 06 (Val di Fassa e Dolomiti Fassane) und 022 (Pale di San Martino); im Maßstab 1:50 000 Freytag & Berndt WK S7 (Überetsch, Kalterer See, Südtiroler Unterland); Kompaß Nr. 76 (Pale di San Martino, Lagorai, Cima d'Asta).

Auskünfte und Zimmernachweis Azienda di Promotione Touristica della Valle di Fiemme, I-38033 Cavalese, Tel. 04 62-3 02 98. Azienda di Promotione Touristica della Val di Fiemme, I-38037 Predazzo, Tel. 04 62-5 12 37 oder 5 14 77.

Cima Bocchè (2745 m) 98

Von Süden. Sonniger Aufstieg zu einem aussichtsreichen Gipfel

Touren Steckbrief

Höhenunterschied: 1000 Hm
Zeit: 3 Std.
Schwierigkeit: Leichte Skitour, klettertechnisch unschwierig. Kaum lawinengefährdet. Abfahrt vorwiegend Südost.
Beste Jahreszeit: Dezember bis April.

Von Predazzo Richtung Passo di Rolle zur kleinen Siedlung Paneveggio (13 km). Wenig später nach links abzweigen in Richtung Passo di Valles und weiter bis zu einer Brücke über den Rio di Juribrutto. Parkmöglichkeit vor der Brücke rechts (1757 m, Wegtafel »Malga Juribrutto«).
Auf einem Waldweg in mehreren Kehren zur Malga Juribrutto (1912 m). Links (im Anstiegssinne) vom Bach weiter bis in eine Höhe von etwa 2000 m. Hier zweigt man scharf nach links ab und quert unterhalb einer Felswand in einem Bogen in weites, hügeliges Almgelände. Man hält sich in der Nähe des Südostgrates, der von der Cima Bocchè herabzieht und steil in die Val

Juribrutto abbricht. Auf unserer Seite des Grates geht es gemütlich in der Grundrichtung Nordwest zum Gipfel. Prachtvoller Blick auf mehrere Gebirgsgruppen wie Pala, Lagorai, Latemar, Rosengarten, Sellastock usf.
Oder zur Cima Juribrutto (2697 m): Von der Malga di Juribrutto (1912 m) talein zum Lago di Juribrutto (2206 m) und weiter bis in die Nähe der Forcella di Juribrutto (2381 m). Kurz nach rechts ausholen, dann wieder in der ursprünglichen Grundrichtung Nordnordwest zum Gipfel.

99 Monte Mulaz (2906 m)

Eine der schönsten Skitouren in der Pala!

Touren Steckbrief

Höhenunterschied: 1200 Hm
Zeit: 4 1/2 Std.
Schwierigkeit: Schwierige Skitour, ab Skidepot leichte Kletterei. Mitunter lawinengefährdet. Abfahrt vorwiegend Süd, Südwest, Nordwest.
Beste Jahreszeit: März bis Mai.

Von Predazzo in Richtung Passo di Rolle. Kurz nach Paneveggio nach links zum Passo di Valles abzweigen. Etwa 3 km nach Paneveggio (16 km von Predazzo) zweigt nach rechts eine Fahrstraße in die Val di Venegiotta ab. Kurz nach der Abzweigung Fahrverbot, großer Parkplatz (1700 m). Naturpark »Paneveggio«.
Auf dem Fahrweg mit geringem Höhengewinn talein zur Malga Venegiotta (1824 m). Wenig später kann man die Fahrstraße verlassen und Richtung Südwest aufsteigen. Bei den Seilen einer Materialseilbahn biegt man nach links ein und steigt durch ein teilweise steiles Kar ohne Orientierungsschwierigkeit zum Passo del Mulaz (2619 m) auf. Etwas unterhalb sieht man nun das Rif.

Mulaz (2571 m). Über den zunächst breiten Südrücken soweit wie möglich mit Ski ansteigen. Skidepot. Zu Fuß über den stellenweise etwas ausgesetzten Grat zum Gipfel mit dem eigenartigen Glockentürmchen.

Anmerkung Sind die Liftanlagen noch in Betrieb, kann man auch zum Passo di Rolle fahren und mit Lifthilfe die Baita Segan-

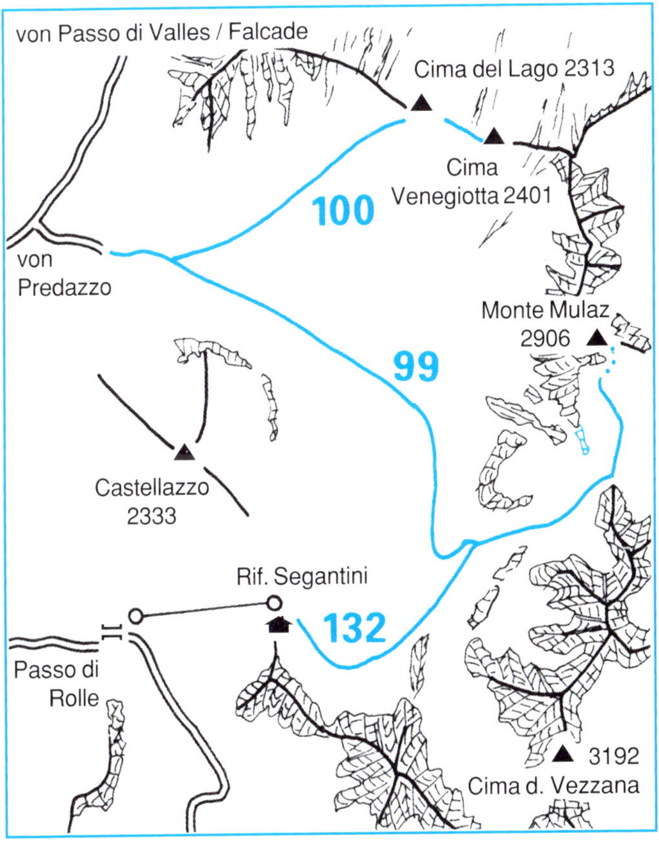

tini (2170 m) erreichen. Von hier Abfahrt in den Talschluß der Val di Venegiotta. Vertraut man nicht darauf, von einem freundlichen Autofahrer beim Parkplatz am Eingang zur Val di Venegiotta zum Rollepaß mitgenommen zu werden, hat diese Aufstiegsvariante den Nachteil, daß man nach einer langen Tour rund 200 Höhenmeter Gegenanstieg zu bewältigen hat.

100 Cima Venegiotta (2401 m) Cima del Lago (2313 m) Cima Valles (2305 m)

Touren Steckbrief

Höhenunterschied: 600–700 Hm
Zeit: 1½–2 Std.
Schwierigkeit: Schwierige Skitour, ab Skidepot leichte Kletterei. Mitunter lawinengefährdet. Abfahrt vorwiegend Südwest.
Beste Jahreszeit: Februar bis April.

Hübsche kurze Anstiege mit sonnseitigen Steilabfahrten. Wie bei R 99 zum großen Parkplatz am Eingang der Val di Venegiotta. Auf dem Fahrweg talein zur Malga Venegia (1778 m). Im unteren Teil durch Wald, dann über ziemlich steile Hänge am besten zur Cima del Lago. Von hier aus lassen sich die beiden anderen Gipfel über die Gratverbindungen erreichen. Die Cima Valles wird in manchen Karten als »Cima Venegia« bezeichnet.

Colbricon (2602 m)

101

Schöne und beliebte Skitour am östlichen Ende der Lagoraikette

Touren Steckbrief

Höhenunterschied: 1000 Hm
Zeit: 3 1/2 Std.
Schwierigkeit: Mittelschwere Skitour, ab Skidepot leichte Kletterei. Mitunter lawinengefährdet. Abfahrt vorwiegend Nordost.
Beste Jahreszeit: Januar bis Mai.

Von Predazzo in Richtung Passo di Rolle nach Paneveggio (13 km). Weiter in Richtung Rollepaß, an der Abzweigung zum Passo di Valles vorbei, über eine Brücke und noch etwa 1 km bis zu einer scharfen Linkskurve. Unmittelbar vor der Kurve zweigt nach rechts eine Forststraße ab, an deren Beginn man parkt (1630 m, Hinweisschild »Malga Colbricon, Laghi del Colbricon«). Fahrverbot, Schranken.
Richtung Süd auf der Forststraße, die wenig später nach rechts abbiegt. Wir bleiben im Talboden und erreichen mit geringem Höhengewinn die Waldgrenze. In einer Höhe von etwa 1850 m hält man sich rechts, auf den eindrucksvollen Felskamm zu, der zum Colbricon Piccolo zieht. Durch die ziemlich steile Nordostmulde (überlegte Spurwahl wichtig!) erreicht man sanfter geneigtes Gelände und steht vor zwei Gipfeln mit genau gleicher Höhe (2602 m). Der etwas vorgeschobene Nordostgipfel ist schwieriger zu erreichen: Auf der rechten Seite der Gipfelflanke möglichst hoch mit Ski hinauf, dann entweder steil im Schnee oder über den felsigen Grat zum Gipfel. Der Südwestgipfel ist mit Ski erreichbar und kann als der eigentliche »Wintergipfel« gelten.

Abfahrt vom Colbricon, einem schönen Skigipfel in der Lagoraikette. Im Hintergrund die Pala.

Colbricon Piccolo (2511 m) 102

Touren Steckbrief

Höhenunterschied: 900 Hm
Zeit: 2 1/2 Std.
Schwierigkeit: Mittelschwere Skitour, klettertechnisch unschwierig. Kaum lawinengefährdet. Abfahrt vorwiegend Nord, Nordost.
Beste Jahreszeit: Dezember bis Mai.

Wie bei R 101 auf der Forststraße talein. Man folgt der Forststraße, die schon nach knapp 10 Min. scharf nach rechts abbiegt, nur kurz und steigt dann Richtung Süd zur Malga Colbricon (1838 m) auf. Von hier erst Richtung West über eine steilere Stufe, dann durchwegs Richtung Süd zur Waldgrenze und ohne Schwierigkeiten über den mäßig steilen Hang zum Gipfel.

Colbricon (2602 m) 103

Von der Malga Rolle

Touren Steckbrief

Höhenunterschied: 800 Hm **Zeit:** 3 Std.
Schwierigkeit: Mittelschwere Skitour, ab Skidepot leichte Kletterei. Mitunter lawinengefährdet. Abfahrt vorwiegend Nordost, Nordwest.
Beste Jahreszeit: Februar bis Mai.

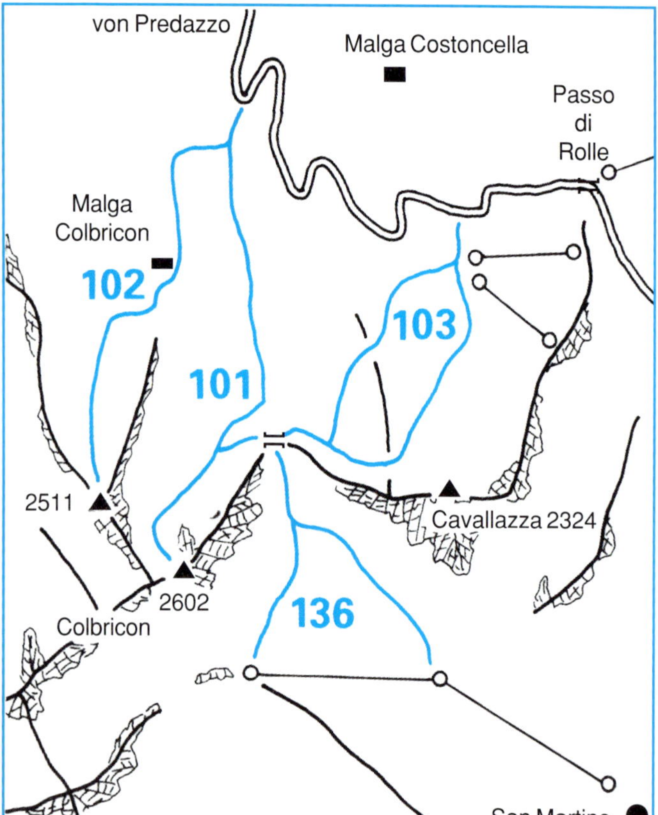

Wie bei R 101 Richtung Rollepaß. Etwa 1 km vor der Paßhöhe: Malga Rolle (1910 m). Parkmöglichkeiten beiderseits der Straße. In kurzer Abfahrt bis zur Talstation von zwei Sesselliften. Auf einem Waldweg Richtung Südwest zu den Laghi del Colbricon. Am höher gelegenen See das Rif. Colbricon (1927 m, Sommerbewirtschaftung, kein Winterraum). Kurze Abfahrt in ein Tälchen bis in eine Höhe von 1850 m. Aufstieg durch eine ziemlich stei-

le, aber gut gegliederte Nordostmulde in flacheres Gelände (etwa 2450 m). Von hier entweder auf den schwierigeren Nordostgipfel (im letzten Teil des Anstiegs zu Fuß) oder auf den leichteren Südwestgipfel (mit Ski erreichbar), beide 2602 m.
Nach der Abfahrt durch die Nordostmulde ist es empfehlenswert, nicht nur zu den Laghi del Colbricon aufzusteigen und auf dem Waldweg zum Ausgangspunkt zurückzukehren. Dafür müßte man bereits 1 Stunde rechnen. Günstiger ist es, in 1 Std. über die ziemlich steile Nordwestflanke auf die Cavalazza (2324 m) zu steigen, zumindest aber bis in eine Höhe von etwa 2100 m. Man hält sich dann in einer langen Schrägfahrt oberhalb der Waldgrenze, bis man auf den lezten Hang der Piste des Tognazza-Sessellifts stößt. Abfahrt zur Talstation und kurzer Gegenanstieg zur Paßstraße.

Ausgangspunkt Malga Valmaggiore (1620 m)
Vom Ortskern von Predazzo zur Brücke über den Avisio. Schotterstraße zum Ristorante Miola (Weg Nr. 334). Weiter auf einer Forststraße zur Malga di Valmaggiore. Kurz vor der Alm großer Parkplatz (1608 m). Die Straße ist etwa ab April bis zur Alm befahrbar. Zu Fuß von Predazzo 3 Std.

Cima di Cece (2754 m) 104

Prachtvoller Skigipfel, höchste Erhebung in der Lagorai-Kette

Touren Steckbrief

Höhenunterschied: 1150 Hm
Zeit: 3 1/2 Std.
Schwierigkeit: Schwierige Skitour, klettertechnisch unschwierig. Mitunter lawinengefährdet. Abfahrt vorwiegend West, Nordwest. März bis Mai. Überwiegend Südost, Nord.
Beste Jahreszeit: Februar bis Mai.

Bei der Alm verzweigt sich das Tal. Wir wählen den linken Ast und steigen Richtung Südost auf, erst durch Wald, dann im freien Gelände zu den »Laghetti« und weiter Richtung Süd. Unterhalb der Forcella Valmaggiore geht es Richtung Südost über einen sehr steilen Hang zwischen Felsen hindurch in schönes, nur mehr mäßig geneigtes Skigelände. Eindrucksvoll der Blick auf den wilden Campanile di Cece! In einem weiten Bogen von rechts nach links erreicht man eine Ebene, aus der man durch eine kurze Steilrinne eine Rampe gewinnt, die zum langen Nordostgrat der Cima di Cece führt. Über diesen Grat, der sich zuletzt gehörig aufsteilt, je nach Verhältnissen und skitechnischem Können zu Fuß oder mit Ski zum Gipfel.

105 Cima di Valbona (2413 m)

Touren Steckbrief

Höhenunterschied: 850 Hm
Zeit: 3 Std.
Schwierigkeit: Mittelschwere Skitour, ab Skidepot leichte Kletterei. Mitunter lawinengefährdet. Abfahrt vorwiegend Nordost, Nordwest.
Beste Jahreszeit: März bis Mai.

Von der Alm durch den Wald und in das ebene Becken (hier die »Laghetti«) vor dem Talschluß. Unmittelbar aus der Ebene steigt man über einen prachtvollen Hang zur Forcella Dos Caligher (2190 m, in manchen Karten nicht bezeichnet) auf. Man quert nun zwischen den Felsen des von der Cima di Valmaggiore Rich-

Auf dem Anstieg zur Cima Cece.

tung Nordwest ziehenden Gratrückens in eine Mulde, in der man zu einer Einsenkung aufsteigt. Aus dieser erreicht man (zu Fuß) sowohl die Cima di Valbona als auch (über den Westrücken) die Cima di Valmaggiore.

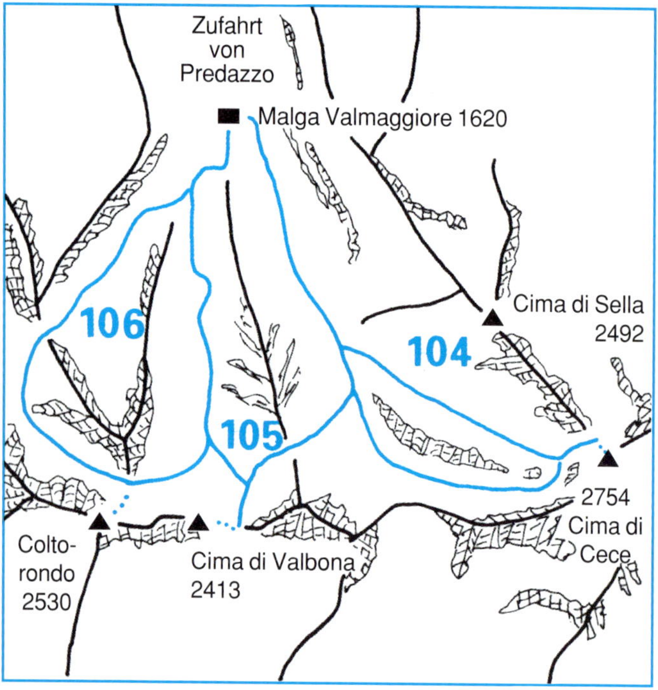

Coltorondo (2530 m)

106

Touren Steckbrief

Höhenunterschied: 950 Hm
Zeit: 3 1/2 Std.
Schwierigkeit: Mittelschwere Skitour, ab Skidepot leichte Kletterei. Mitunter lawinengefährdet. Abfahrt vorwiegend Nordwest, Nordost.
Beste Jahreszeit: März bis Mai.

Vom Parkplatz zur Alm (1620 m). Erst über einen Fahrweg, dann ziemlich steil über einen Osthang ansteigen, bis man in einer Höhe von etwa 1900 m in die Val Moregna einzweigen kann und zur gleichnamigen Alm (2081 m) oberhalb des kleinen Lago di Moregna gelangt. Weiter in eine Einsattelung (2172 m) und um einen Bergrücken herum zum Lago Brutto (2207 m) unterhalb des Felsaufbaues der Cima Moregna. Weiter durch eine schöne Mulde in Richtung Südost zu einer Einsattelung (2397 m) zwischen Cima Moregna und Coltorondo. Bereits unterhalb der Einsattelung hält man sich rechts und steigt so hoch wie möglich mit Ski auf. Zuletzt unschwierig zu Fuß zum Gipfel.

Ausgangspunkt Rif. Cauriol (1600 m)
Von Predazzo nach Ziano di Fiemme (5 km). Hier überquert man den Avisio, biegt zum Ortsteil Bosin ein und fährt entlang der Wegmarkierung 320 in einem weiten Bogen um einen bewaldeten Rücken herum in die Val Sadole. In diesem Tal bis zum Rif. Cauriol (1600 m, privat, Sommerbewirtschaftung, kein Winterraum) bei der Malga Sadole. Ab hier Fahrverbot, Parkplatz. Straße etwa ab April befahrbar. Zu Fuß 2 Std. von Ziano.

107 Cauriol (2494 m)

Beliebter Skigipfel. Im Ersten Weltkrieg heiß umkämpft

Touren Steckbrief

Höhenunterschied: 900 Hm **Zeit:** 3 Std.
Schwierigkeit: Mittelschwere Skitour, klettertechnisch unschwierig. Mitunter lawinengefährdet. Abfahrt vorwiegend Nord, Nordwest.
Beste Jahreszeit: März bis Mai.

Vom Parkplatz zum Talschluß (1817 m). Hier zweigt man nach links ab und steigt Richtung Südost rechts von einem Tälchen in eine weite Mulde auf. Aus dieser geht es über einen steilen Nordhang in eine Einsattelung westlich des Gipfels. Aus ihr erreicht man steil, aber unschwierig (im oberen Teil ohne Ski) den höchsten Punkt.

108 Cardinal (2481 m) – Forcella Cardinal (2301 m)

Schwierige Skitour – skitechnisch und klettertechnisch anspruchsvoll!

Touren Steckbrief

Höhenunterschied: 900 Hm **Zeit:** 3 Std.
Schwierigkeit: Schwierige Skitour, ab Skidepot mäßig schwierige Kletterei. Häufig lawinengefährdet. Abfahrt vorwiegend Nord, Nordwest.
Beste Jahreszeit: April und Mai.

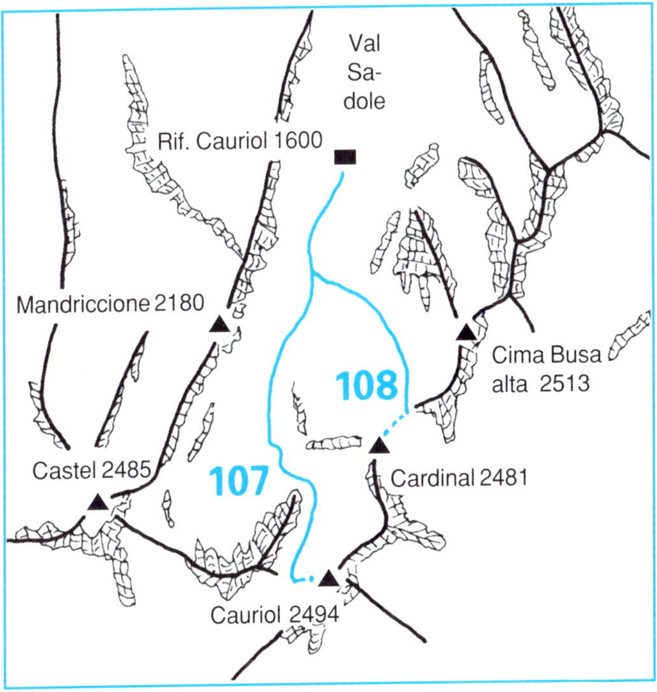

Vom Rif. Cauriol auf dem Fahrweg bis zu einer kleinen Brücke über den Rivo Sadole (1698 m). Hier zweigt man nach links ab und steigt über einen Rücken auf. Der Rücken wird bald steiler und felsdurchsetzt. Man quert nach links in eine Talmulde, an deren rechten Rand man entlang der Felsen sehr steil, teilweise auch eng, in die Forcella Cardinal (2301 m) aufsteigt. Skidepot. Bei günstigen Bedingungen über den Ostgrat zum Gipfel.

Ausgangspunkt Malga Toazzo (1464 m)

Von Predazzo nach Ziano di Fiemme (5 km). Über den Avisio und zum Ortsteil Zanolin. Weiter auf einem Fahrweg bis zu einer Wegkreuzung (1044m). Fahrverbot (vermutlich aus Haftungsgründen), Befahren zum Zeitpunkt unserer Erkundung geduldet. Um einen

Bergrücken herum in die Val Cavelonte und durch das Tal zur Malga Toazzo (1452 m). Große Alm in einem weiten Talboden. Straße etwa ab April befahrbar. Zu Fuß von Ziano/Zanolin 2 Std.

109 Cima Litegosa (2548 m)

Leichte und genußvolle Skitour auf einen schönen Aussichtsberg

Touren Steckbrief

Höhenunterschied: 1100 Hm
Zeit: 3 1/2 Std.
Schwierigkeit: Leichte Skitour, klettertechnisch unschwierig. Kaum lawinengefährdet. Abfahrt vorwiegend Nordost, Nordwest.
Beste Jahreszeit: Dezember bis Mai.

Für den Anstieg benutzt man am besten den Fahrweg, der weit ausholend zur Malga Litegosa (1770 m) führt. Abkürzung durch den Wald möglich und allenfalls (bei günstigen Schneeverhältnissen) für die Abfahrt empfehlenswert. Weiter auf einem deutlich ausgeprägten Rücken zur Waldgrenze und über schönes, völlig hindernisloses Skigelände zum Passo Litegosa (2261 m). Über den Nordrücken möglichst hoch mit Ski, dann unschwierig zu Fuß zum Gipfel. Oder: Schon vor dem Paß nach rechts und über die Nordflanke.

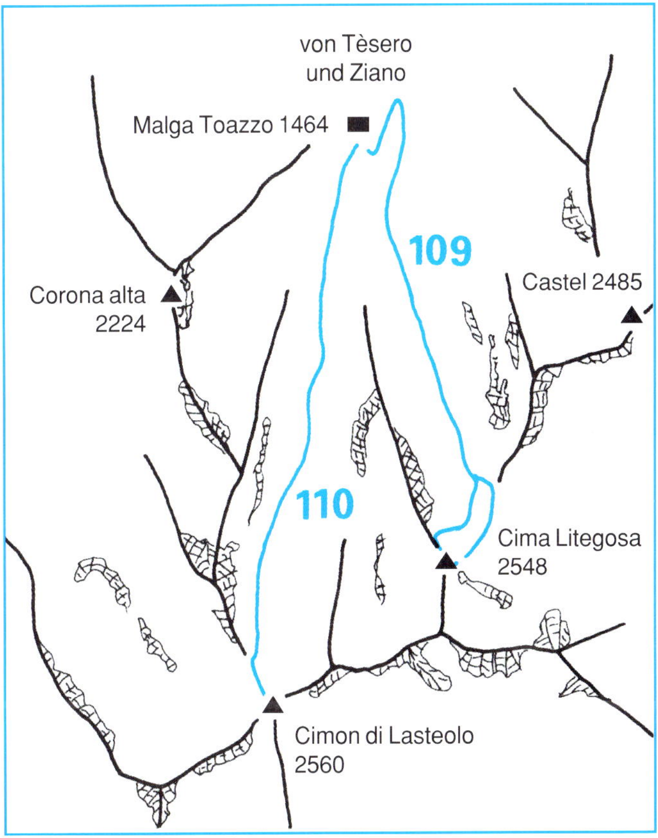
von Tèsero
und Ziano
Malga Toazzo 1464
109
Castel 2485
Corona alta
2224
110
Cima Litegosa
2548
Cimon di Lasteolo
2560

110 Cimon di Lasteolo (2560 m und 2544 m)

Touren Steckbrief

Höhenunterschied: 1100 Hm
Zeit: 3 1/2 Std.
Schwierigkeit: Schwierige Skitour, klettertechnisch unschwierig. Mitunter lawinengefährdet. Abfahrt vorwiegend Nordwest, Nordost.
Beste Jahreszeit: März bis Mai.

Von der Malga Toazza auf dem Fahrweg, der am (im Anstiegssinne) rechten Ufer des Rivo del Formion talein führt, bis zur Einmündung des Rivo Cadinello. Weit über der Bachschlucht des Rivo del Formion (ungefähr wie Weg Nr. 319) durch den Wald. Unterhalb der Felsen des Cimon di Cadinello über eine steile Stufe in sanfteres Gelände. Weiterhin auf der (im Anstiegssinne) rechten Talseite zu dem breiten Rücken, der von der Cima di Pieroni zum Lasteolo zieht. Über diesen Rücken auf den Nordgipfel (2560 m). Oder: Vom Rücken etwas rechts haltend in eine Einsattelung (Forcella dei Pieroni) und unschwierig zum zweiten Gipfel (2544 m).

Tourenbereich Tesero

Tesero (1000 m) im Fleimstal ist Pistenläufern und Langläufern bekannt, kaum jedoch den Tourengehern. Die Pistenfahrer tummeln sich im kleinen Skizirkus von Pampeago, die Langläufer finden im Talboden ein ergiebiges Betätigungsfeld (Langlaufzentrum mit allen erforderlichen Einrichtungen, Langlaufschule). Für die Tourengeher bleiben das erwähnte Pampeago vor und nach den Betriebszeiten der Aufstiegshilfen (z.B. Monte Agnello oder Zanggenberg), aber auch wenig bekannte Skitouren im Lagorai auf der anderen Talseite.

Anreise Von Bozen auf der Autobahn bis Auer (16 km). Auf der Staatsstraße nach Kaltenbrunn. Man erreicht die Provinzgrenze Cavalese und kurz darauf Tesero in der Provinz Trient (29 km von Auer).

Auskünfte und Zimmernachweis Uffizio Touristico Tesero, Via Roma 35, I-38038 Tesero (TN), Tel. 04 62/8 30 32.

Ausgangspunkt Val Lagorai
Am östlichen Ortsende von Tesero zweigt eine Fahrstraße in den Talboden ab. Nach einer Brücke über den Avisio nach rechts zum Ortsteil Lago und, nach links abzweigend, zum Weiler Lagorai. Auf dem Fahrweg im Tal aufwärts bis zum Fahrverbot (etwa 1500 m). Straße etwa ab April befahrbar. Zu Fuß von Tesero 3 Std.

Cima delle Sute (2616 m)

Touren Steckbrief

Höhenunterschied: 1150 Hm
Zeit: 4 Std.
Schwierigkeit: Mittelschwere Skitour, klettertechnisch unschwierig. Mitunter lawinengefährdet. Abfahrt vorwiegend Nord.
Beste Jahreszeit: Empfehlenswert April bis Mai (= ab Befahrbarkeit des Fahrweges in die Val Lagorai).

Vom Fahrverbot auf einem Weg oberhalb des Rivo Lagorai zum Lago Lagorai (1870 m) und zur etwas südlich davon gelegenen gleichnamigen Alm (1871 m). Hier verzweigt sich das Tal. Wir wählen den (im Anstiegssinne) linken Ast und steigen durch die Valle di Pieroni auf, bis man nach einigen Felsen in der westlichen Talflanke weitersteigen kann. Nur kurz steil, dann durch sanftes Gelände Richtung Süd geradewegs auf den Gipfel zu. Man erreicht ihn, erst im letzten Teil etwas steil, ohne besondere Schwierigkeiten.

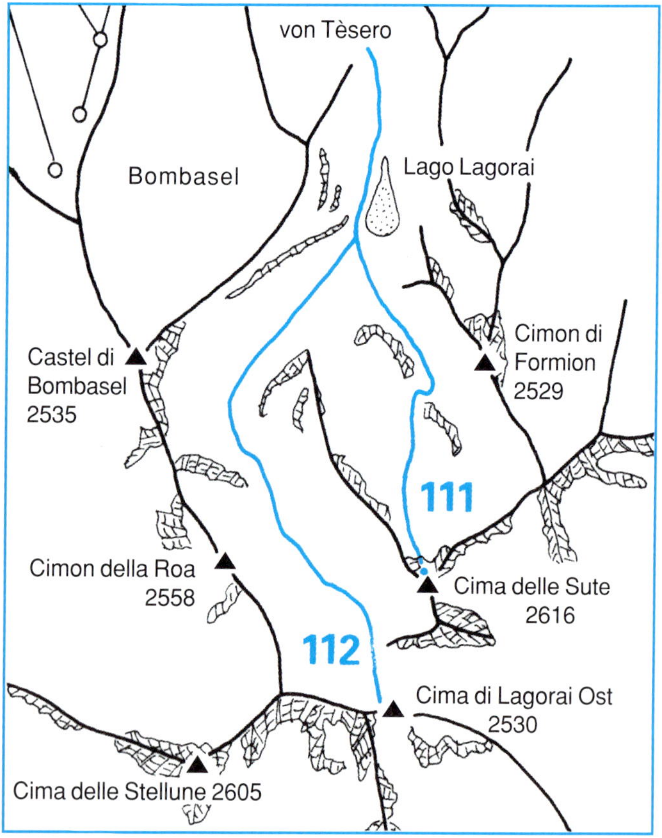

Cima di Lagorai »Ostgipfel« (2530 m)

112

Touren Steckbrief

Höhenunterschied: 1050 Hm
Zeit: 3 1/2 Std.
Schwierigkeit: Schwierige Skitour, klettertechnisch unschwierig. Mitunter lawinengefährdet. Abfahrt vorwiegend Nord.
Beste Jahreszeit: April bis Mai (ab Befahrbarkeit des Fahrweges in die Val Lagorai).

Vom Fahrverbot auf dem Weg Richtung Süd zum Lago Lagorai und der gleichnamigen Alm. Bei der Talverzweigung wählt man den rechten Ast und steigt ziemlich flach erst Richtung Südwest, dann Richtung Südost zu den Laghetti di Lagorai auf (größter See 2270 m). In derselben Richtung ansteigend, erreicht man die Forcella di Lagorai (2372 m), rechts von den eindrucksvollen Felsen des Monte delle Sute. Über den Nordrücken zum Gipfel der östlichsten Spitze der Cime di Lagorai.

Skitouren in der Valle d`Ampezzo und d`Ansiei

Das **Ampezzotal** wird vom Torrente Boite durchflossen. Hauptort ist Cortina d'Ampezzo, eine Skistation von Weltruf.

Anreise Von Toblach im Pustertal durch das Höhlensteintal nach Schluderbach und entlang der aufgelassenen Bahnlinie über das »Gemärk« (Cimabanche) nach Cortina (32 km).

Die **Val d`Ansiei** ist das östliche Nachbartal. Das Stichwort, das hier Assoziationen weckt, heißt »Misurina«.

Anreise Durch das Höhlensteintal bis Schluderbach und, links abzweigend, nach Misurina (20 km von der Abzweigung aus dem Pustertal bei Toblach). Oder: Von Cortina d`Ampezzo über den Passo Tre Croci (13 km).

Tourenbereich Cortina d`Ampezzo

Die großartige Umrahmung des Talkessels von Cortina mit den Tofanen, dem Cristallostock, der Sorapissgruppe, dem Antelao, dem Pelmo und der formenreichen Croda da Lago lädt nicht zu Skitouren ein. Die günstigen Möglichkeiten für den Skilauf sind längst durch Aufstiegshilfen erschlossen. Dennoch lohnt das Ampezzotal auch für den Tourenskiläufer einen Aufenthalt. Mitunter verhelfen die Aufstiegshilfen zu großartigen langen Abfahrten bei geringer Anstiegsmühe.

Karten Tabacco Blatt 03 (Cortina d'Ampezzo e Dolomiti Ampezzane) im Maßstab 1:25 000. Im Maßstab 1:50 000 Tabacco-Skikarte Blatt A, Freytag & Berndt WK S5 (Cortina d`Ampezzo) und S10 (Sextener Dolomiten); Kompaß Nr. 55 (Cortina d`Ampezzo).

Auskünfte und Zimmernachweis Azienda Promotione Touristica, I-32043 Cortina d'Ampezzo, Tel. 04 36/32 31. I-32046 San Vito di Cadore, Tel. 04 36/94 05

Umrundung der Croda da Lago

113

Landschaftlich reizvolle Rundtour mit lohnenden Abfahrten

Touren Steckbrief

Höhenunterschied: 1300 Hm
Zeit: 5 Std.
Schwierigkeit: Mittelschwere Skitour, klettertechnisch unschwierig. Mitunter lawinengefährdet. Abfahrt vorwiegend Nord.
Beste Jahreszeit: Dezember bis April.

Am Südende von Cortina zweigt eine Fahrstraße ab, die über den Ortsteil Sajeto nach Campo di Sotto (Hotel »Tiziano«) führt. Hierher auch von Zuel, 3 km südl. von Cortina. Endpunkt der geräumten und für den öffentlichen Verkehr zugelassenen Straße ist das Hotel Tiziano in der Fraktion Campo di Sotto (1127 m, 3 km vom Ortskern von Cortina).

Auf einem Fahrweg, der Markierung Nr. 432 folgend, zur Malga Federa, 1816 m. Den Fahrweg verfolgt man noch eine Viertelstunde weiter, bis zu einer scharfen Rechtskurve. (Er führt zum Rif. Croda da Lago beim gleichnamigen See.) Weiter Richtung Süd, über eine kurze Steilstufe, zur Alpe Federa und zur Forcella Ambrizzola (2277 m). Etwas mehr als 100 Höhenmeter zu einer Alm (Malga Mondeval di Sopra, 2158 m) abfahren. Die Kurve noch enger zu nehmen, um sich mit geringerem Höhenverlust unterhalb einer gewaltigen Felsmauer hinüberzuschleichen, lohnt nicht.

Richtung Nordwest zur Forcella Giau (2360 m). Von hier geht es zunächst in schöner Abfahrt Richtung Nordwest in den Talboden, dann ziemlich flach in und neben dem Talboden hinaus bis zu einer Brücke über den Rio Costiana. Über diese Brücke und kurz aufwärts zur Fahrstraße zum Passo Giau. Neben der

Fahrstraße bis zu ihrem tiefsten Punkt (1508 m), dann eine Viertelstunde leicht aufwärts zur Bushaltestelle beim Ortsteil Pocol. Anmerkung: Ist man spät im Jahr unterwegs, kann man unterhalb von Pocol, gleich nach den großen Serpentinen, auf dem Waldweg Nr. 451 zu Fuß nach Campo di Sotto zurückkehren. Als Abfahrt nicht geeignet!

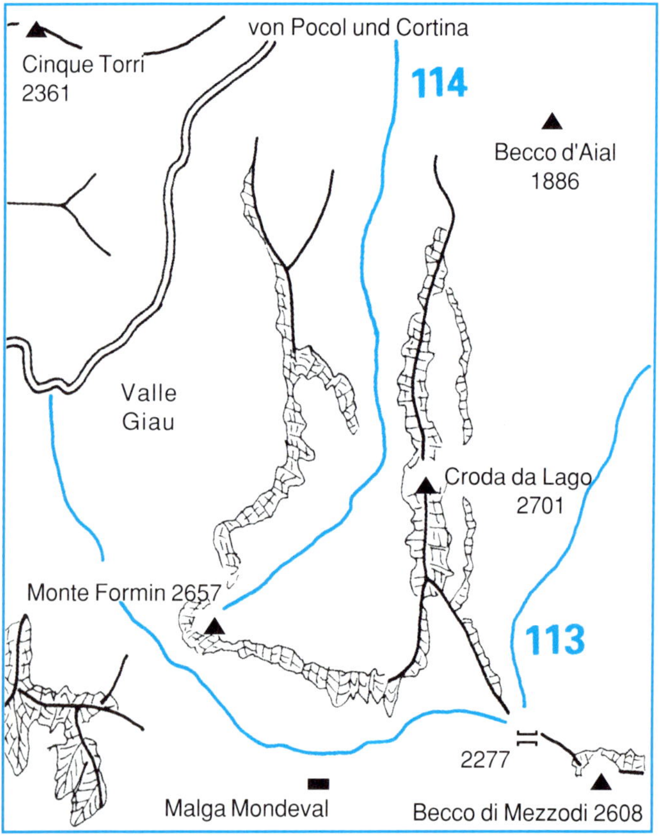

Wer an diesem Tag auch einen ansehnlichen Gipfel besteigen möchte, steigt von der Alm Richtung Südwest über einen schönen Hang geradewegs zum Corvo Alto (2456 m) auf.

Monte Formin (2657 m) 114

Hübsche Skitour, von der Falzarego-Paßstraße gut einzusehen

Touren Steckbrief

Höhenunterschied: 1200 Hm
Zeit: 3 1/2 Std.
Schwierigkeit: Mittelschwere Skitour, klettertechnisch unschwierig. Mitunter lawinengefährdet. Abfahrt vorwiegend Nordost, Nord.
Beste Jahreszeit: Dezember bis April.

Von Cortina zum Ortsteil Pocol (1530 m), 6 km von Cortina in Richtung Falzaregopaß. Hier zweigt die seit dem großzügigen Ausbau auch im Winter befahrbare Straße zum Passo Giau ab. Man folgt ihr noch knappe 2 km zur Abzweigung einer Forststraße (etwa 1510 m).
Aufstieg: Auf dieser Forststraße in den Talboden und über eine Brücke. Weiter Richtung Süd auf der (im Anstiegssinne) linken Talseite. In einer Höhe von etwa 1800 m wechselt man auf die andere Bachseite der Val Formin und steigt zum Talschluß weiter. Auf der großen, sanft geneigten Hochfläche (Lastoni di Formin) hält man sich allmählich rechts und erreicht Richtung Südwest in sanftem Anstieg den Gipfel.

La Gusela (2595 m)

115

Wer diesen Gipfel vom Passo Giau als schroffen Felsturm gesehen hat, kann sich kaum vorstellen, daß er von Nord mit Ski erreichbar ist

Touren Steckbrief

Höhenunterschied: 1100 Hm
Zeit: 3 1/2 Std.
Schwierigkeit: Mittelschwere Skitour, klettertechnisch unschwierig. Mitunter lawinengefährdet. Abfahrt vorwiegend Nord, Nordost.
Beste Jahreszeit: Dezember bis April.

Ausgangspunkt: Von Cortina in Richtung Falzaregopaß bis zum Ortsteil Pocol. Richtung Giaupaß abzweigen und diese Straße bis zu einer Brücke bei 1708 m verfolgen.
Aufstieg: Zuerst Richtung Nordwest, dann West zum Rif. Cinque Torri. Unterhalb des Torre Grande bis zum Rif. Scioattoli (2225 m) bei der Bergstation des Sessellifts »Cinque Torri« aufsteigen. Links von der Piste oder an ihrem Rand steigt man über einen sanften Rücken Richtung Süd auf, bis man nach einigen kleinen Felsabbrüchen nach links (Richtung Südost) einbiegen kann. Auf einer Art breiter Rampe erreicht man ohne Schwierigkeiten mit Ski den Gipfel.
Wer den Sessellift zum Rif. Scioattoli benützt, kann den Anstieg auf eine Stunde verkürzen. Vom Rif. Cinque Torri ist auch eine Abfahrt Richtung NO und zur Brücke über den Rio Falzarego bei 1542 m möglich.

Monte Formin im Tourengebiet von Cortina d`Ampezzo (Mittelgrund rechts). Darüber Croda da Lago, links dahinter der Antelao.

116 Monte Poré (2405 m)

Mini-Skitour für Skipaßbesitzer, die zu einer hübschen Rundtour ausgeweitet werden kann

Touren Steckbrief

Höhenunterschied: 400 + 400 Hm
Zeit: 1 + 1 Std.
Schwierigkeit: Mittelschwere Skitour, klettertechnisch unschwierig. Mitunter lawinengefährdet. Abfahrt vorwiegend Süd, Nord, Ost.
Beste Jahreszeit: Dezember bis April.

Von Cortina zur Talstation des Sessellifts »Cinque Torri«, 14 km von Cortina Richtung Falzaregopaß. Mit dem Sessellift zur Bergstation (2225 m). Kurze Abfahrt zu einem weiteren Sessellift, der bis dicht unter die Forcella Nuvolau (2413 m) führt. In wenigen Minuten in die Scharte mit dem Rif. Averau. Richtung Südwest in die weite Süd-Mulde abfahren, dann Richtung Süd einbiegend bis in die Nähe der Straße zum Giaupaß (Rif. Fedare, Talstation eines aufgelassenen Sessellifts. Hierher auch mit dem Auto über den Giaupaß.

Aufstieg Richtung West bis zu dem Rücken aufsteigen, der über einen Vorgipfel zum Monte Poré führt. Wegen seiner vorgeschobenen Lage trotz der geringen Gipfelhöhe prachtvolle Aussicht!
Bei der Abfahrt folgt man nicht dem Gratrücken, sondern fährt Richtung Nord über einen zunächst steilen Hang ab, hält sich dann aber zunehmend rechts, um den Höhenrücken wieder zu erreichen. Richtung Ost in die erwähnte große Mulde. Wiederanstieg zur Forcella Nuvolau und Pistenabfahrt.

Variante Abfahrt bis zum Rif. Fedare an der Paßstraße. Auf oder neben der Straße kurz aufwärts zur Talstation eines Teller-

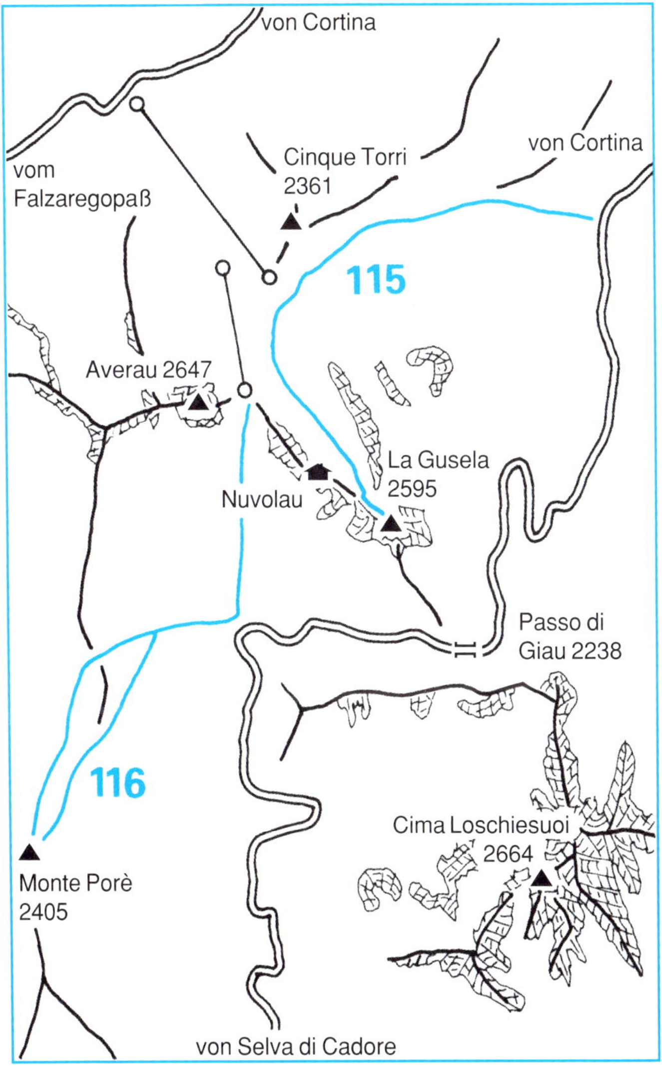
von Cortina
vom
Falzaregopaß
Cinque Torri
2361
von Cortina
115
Averau 2647
La Gusela
2595
Nuvolau
Passo di
Giau 2238
116
Cima Loschiesuoi
2664
Monte Porè
2405
von Selva di Cadore

lifts, der zum Passo Giau (2236 m) führt. Neben der Paßstraße, immer wieder Kehren abkürzend, in Richtung Pocol. Zuletzt eben, dann kurzer Gegenanstieg. Bei gutem Wetter reger Autoverkehr = Möglichkeit zu erfolgreichem Autostoppen.

117 Travenanzestal

Landschaftlich großartige Abfahrt vom Lagazuoi nach Fiames (nördl. von Cortina d'Ampezzo)

Touren Steckbrief

Schwierigkeit: Mittelschwere Tourenabfahrt. Häufig lawinengefährdet (kurze Stellen). Abfahrt vorwiegend Nord.
Beste Jahreszeit: Januar bis April.

Von Cortina zum Passo Falzarego (2101 m), 16 km von Cortina. Mit der Seilbahn zum Lagazuoi (Rif. Lagazuoi, 2752 m). Prachtvolle Aussicht!
Auf der Piste über den Nordhang und, nach rechts einbiegend, zur Forcella Lagazuoi (2573 m). Hier verläßt man die Piste und quert Richtung Ost zur Forcella Travenanzes (2507 m). Hierher auch zu Fuß vom Paß auf der Piste (1 Std.) Wer an diesem Tag auch einen Gipfel ersteigen möchte, erreicht von hier aus in einer knappen Viertelstunde den Col dei Bos (2559 m) und fährt dann besser über die Forcella Col dei Bos in die Val Travenanzes ein. Von der Scharte in hübscher Abfahrt zum Talschluß. Bis zur Malga Travenanzes (1965 m) ermöglicht das Gefälle eine zügige Abfahrt. Nun aber geht es teilweise fast eben durch die Val Travenanzes, erst Richtung Nord, dann durch eine schluchtartige Engstelle (bei geringer Schneelage unangenehm) Richtung

Nächste Doppelseite:
Auf der langen Abfahrt durch das Travenanzestal.

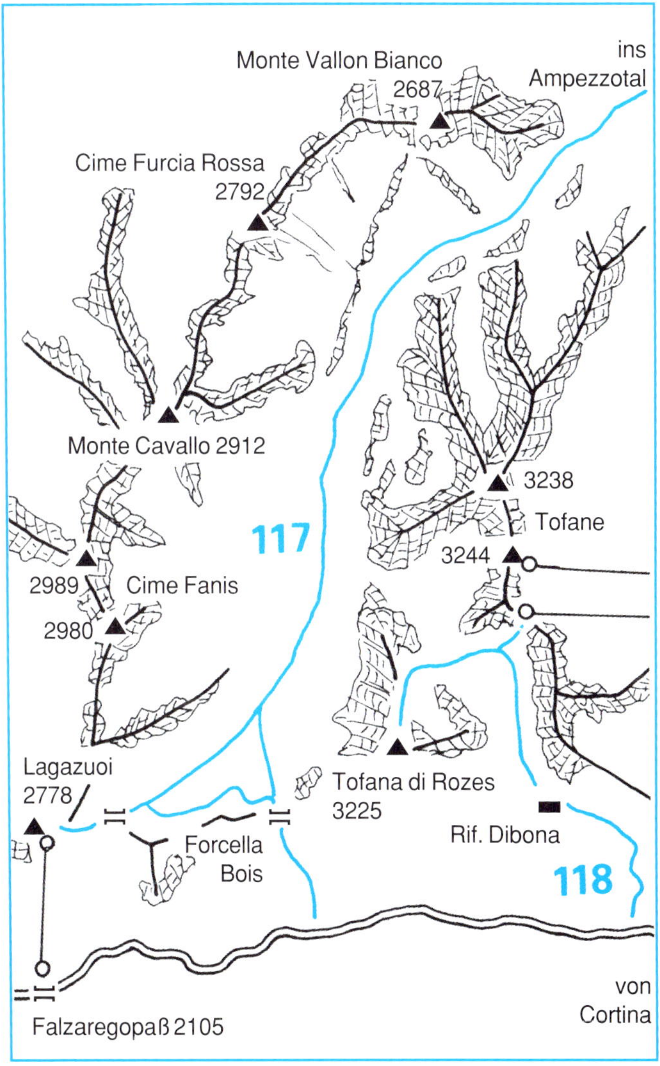

Monte Vallon Bianco
2687
ins
Ampezzotal
Cime Furcia Rossa
2792
Monte Cavallo 2912
3238
Tofane
3244
117
2989
Cime Fanis
2980
Lagazuoi
2778
Forcella
Bois
Tofana di Rozes
3225
Rif. Dibona
118
von
Cortina
Falzaregopaß 2105

Nordost abbiegend bis zu einer Brücke über den Rio Travenanzes vor der Einmündung des Rio di Fanes. Hier erreicht man eine Fahrstraße (Loipe), die in einem weiten Rechtsbogen um den Col Rosa herum in das Ampezzotal führt. Beim Albergo Fiames (etwa 4 km nördl. von Cortina) erreicht man die Haltestelle des Linienbusses. Obwohl praktisch kein Anstieg, handelt es sich um eine anstrengende Tour, die auch in ihren alpinen Anforderungen nicht unterschätzt werden sollte.

118 Tofana di Rozes (3225 m)

Nicht die höchste, aber die formschönste der drei Tofanen mit der Südwand als besonderem Schaustück. Großartige Skitour für gute Skibergsteiger!

Touren Steckbrief

Höhenunterschied: 1600 Hm
Zeit: 5 Std.
Schwierigkeit: Schwierige Skitour, klettertechnisch unschwierig. Häufig lawinengefährdet. Abfahrt vorwiegend Nordost, Süd.
Beste Jahreszeit: März bis Mai.

Von Cortina zur Abzweigung (1687 m) des (im Winter nicht geräumten) Fahrweges zum Rif. Dibona, 9 km von Cortina in Richtung Falzaregopaß.

Aufstieg Auf dem Fahrweg zum Rif. Dibona (2083 m, privat, Sommerbewirtschaftung, kein Winterraum). Wenn die Straße spät im Jahr bereits bis zur Hütte befahrbar ist, verkürzt sich der Anstieg um eine gute Stunde. Durch das weite Kar steigt man Richtung Nord an. Wenn es schmäler wird und sich in zwei Äste teilt, wählt man die (im Anstiegssinne) rechte Mulde. Richtung Nordost weiter zum Rif. Giussani (2580 m, Sektion Cortina des CAI, Sommerbewirtschaftung, kein Winterraum). In einem weiten Linksbogen nähert man sich der gewaltigen Nordostflanke der Tofana di Rozes. Kleinen Felsabbrüchen ausweichend, erreicht man in zunehmender Steilheit, zuletzt zumeist zu Fuß, den Gipfel.

Anmerkung »Brettelartisten« mit dem nötigen Kleingeld können bei besonders sicheren Schneeverhältnissen während der Betriebszeiten der Aufstiegshilfen bis dicht unter das Rif. Giussani abfahren und sich dadurch fast 3 Anstiegsstunden ersparen. Dazu von Cortina mit zwei Teilstrecken des »Himmelspfeils« Richtung Tofana di Mezzo, dann mit dem Doppelsessellift »Bus de Tofana« zur Bergstation. Nach kurzer Schrägfahrt verläßt man die Piste nach rechts und steigt steil zu einem eigenartigen Felsentor auf, das man bereits bei der Auffahrt mit dem Sessellift sieht. Auf der Südseite geht es jetzt steil (40°) und felsdurchsetzt hinab (nach unserer Bewertung »sehr schwierig«), bis man sanfteres Gelände erreicht und nach rechts zum Rif. Giussani queren kann.

Forcella Col Fredda (2721 m) 119

Touren Steckbrief

Höhenunterschied: 1300 Hm
Zeit: 4 Std.
Schwierigkeit: Mittelschwere Skitour, klettertechnisch unschwierig. Mitunter lawinengefährdet. Abfahrt vorwiegend West, Süd.
Beste Jahreszeit: März bis Anfang Mai.

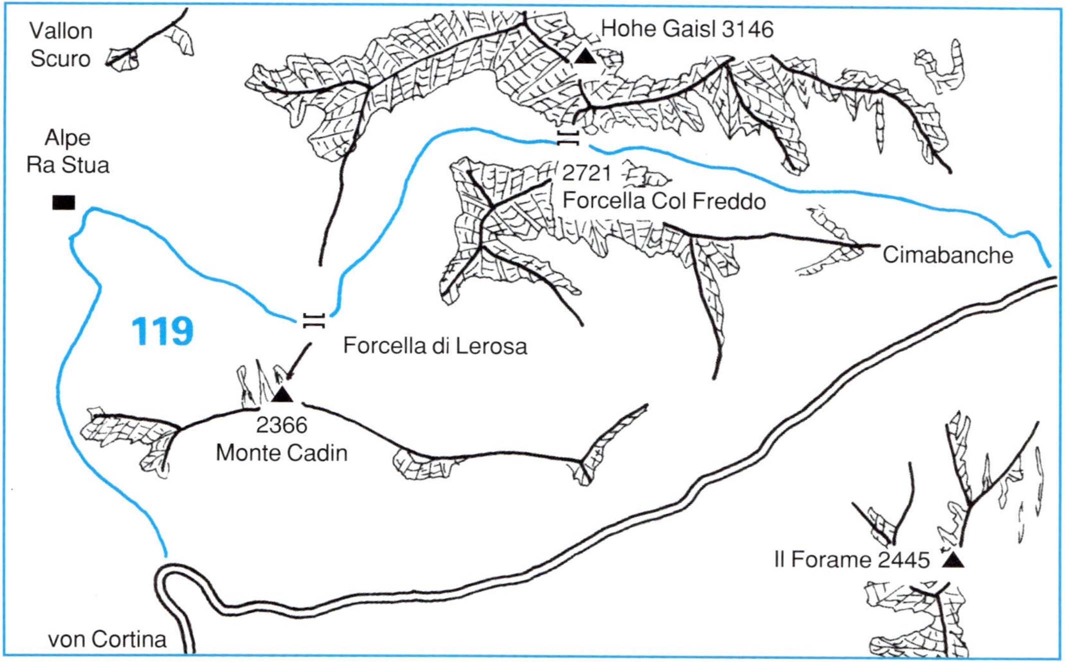
Vallon Scuro
Hohe Gaisl 3146
Alpe Ra Stua
2721
Forcella Col Freddo
Cimabanche
119
Forcella di Lerosa
2366
Monte Cadin
Il Forame 2445
von Cortina

Von Cortina auf der Straße nach Toblach bis zur scharfen Kurve (1421 m) nördl. der Ruine Peutelstein.
Auf dem Fahrweg bis zur Alpe Ra Stua (1695 m), je nach Schneelage zu Fuß oder noch mit PKW. Von hier Richtung Südost zur Forcella di Lerosa (1989 m). Nun nordwärts auf das Castello di Valbones (2380 m) zu und rechts davon in den weiten Kessel unterhalb der Hohen Gaisl. Man schwenkt nach Ost ein und erreicht, zuletzt steil, die Forcella.

Cresta Bianca (2932 m) 120

Vom Rif. Ospitale (Val Felizon)
Unbedeutender Firngupf mit prachtvoller Abfahrt

Touren Steckbrief

Höhenunterschied: 1500 Hm
Zeit: 5 Std.
Schwierigkeit: Schwierige Skitour, klettertechnisch unschwierig. Häufig lawinengefährdet. Abfahrt vorwiegend Nord, West.
Beste Jahreszeit: März bis Mitte Mai.

Von Cortina zum Rif. Ospitale (1490 m) an der Straße nach Toblach, 12 km von Cortina. Parkplatz neben dem Gasthof.
Vom Gasthof ein kurzes Stück in Richtung Cortina bis zur Abzweigung einer Forststraße, die kurz hinunter zum Talboden und über eine Brücke führt. Gleich nach der Brücke verläßt man die Fahrstraße und folgt einem Weg zuerst Richtung Nordost im Talboden, dann neben einem Bachbett in zunehmender Steilheit. In einer Höhe von etwa 1700 m steil Richtung Südost über einen Rücken, bis man oberhalb einer felsigen Schlucht und unterhalb neuerlicher Felsabbrüche nach links einbiegen kann. Man geht zwei Bachmulden aus und steigt dann unschwierig Richtung Ost

zur Forcella Verde (2380 m) auf. Oder weniger steil: Etwas unterhalb von 1700 m die Talseite wechseln und unterhalb des Felssporns weiter aufsteigen, der von der Forc. Gialla nach West zieht. Fast ohne Höhenverlust auf die andere Seite des Sattels in ein großes sanftes Hochtal. Richtung Südost durch hügeliges Gelände zu den Resten eines kleinen Gletschers (Ghiacciao di Cresta Bianca). Richtung Süd ansteigen, zuletzt durch eine Rinne zu einer Scharte östl. des kleinen Firngupfes der Cresta Bianca. Über den Rücken in wenigen Minuten zum Gipfel, je nach den Verhältnissen mit Ski oder zu Fuß.

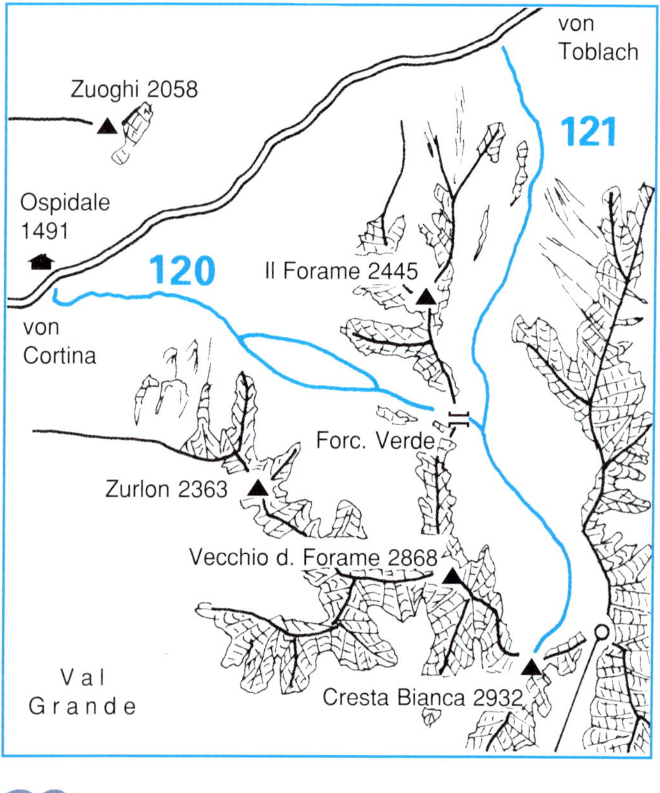

Cresta Bianca (2932 m) 121

Über die Pra del Veccio
Anspruchsvolle Skitour – nur bei besten Verhältnissen!

Touren Steckbrief

Höhenunterschied: 1400 Hm
Zeit: 4 1/2 Std.
Schwierigkeit: Sehr schwierige Skitour, klettertechnisch unschwierig. Häufig lawinengefährdet. Abfahrt vorwiegend Nord.
Beste Jahreszeit: März bis Mitte Mai.

Von Cimabanche (»Im Gemärk«, 1525 m, Grenze zwischen Südtirol und der Provinz Belluno) auf einem Waldweg (Hinweistafel »Schönleitenschneid«) nach Süd zur Pra del Vecchio (»alte Weide«). Auf einem Steig wird die sperrende Steilstufe rechts umgangen. Nun weiter in der Schlucht. In einer Höhe von etwa 2200 m quert man nach links und erreicht den Beginn einer großen Mulde. Weiter Richtung Südost und wie bei R 120 zum Gipfel.

Forcella Staunies (2918 m) 122

Großartige Abfahrt von einer Scharte, die zur Betriebszeit der Aufstiegshilfen mit geringer oder ohne Anstiegsmühe erreicht werden kann. Von den beiden Abfahrtsmöglichkeiten ist die Abfahrt über die Forcella Verde zum Rif. Ospidale bereits anspruchsvoll, die Abfahrt durch die steile Nordschlucht nach

Touren Steckbrief

Höhenunterschied: 1100 Hm (oder weniger)
Zeit: 3 Std.
Schwierigkeit: Schwierige bzw. sehr schwierige Skitour, klettertechnisch unschwierig. Mitunter (Abfahrt nach Ospitale) bzw. häufig lawinengefährdet (Abfahrt nach Cimabanche). Hangrichtung je nach Abfart Nord und Nordwest bzw. Nord.
Beste Jahreszeit: Mitte März bis Mitte Mai.

Cimabanche (Im Gemärk) dagegen extrem – nur für hervorragende Skibergsteiger bei günstigen Bedingungen!

Von Cortina zum Passo Tre Croci, 1805 m, 12 km von Cortina. Großer Parkplatz beim Hotel Tre Croci, südl. der Paßstraße.
Auf einer Fahrstraße bis zur Piste, die von der Talstation des Doppelsessellifts »Rio Gere« heraufführt. Auf dieser Piste weiter, in einem Rechtsbogen um Felsabbrüche herum, bis unterhalb der Bergstation beim Rif. Sonforca (2215 m). Zur Betriebszeit der Liftanlagen (meist bis zum Sonntag nach Ostern) hierher auch mit dem Sessellift (Zeitersparnis eine gute Stunde). Bei der Hütte beginnt ein zweiter Sessellift, der durch eine sich zunehmend aufsteilende Mulde (Grava di Staunies) zur Forcella Staunies führt. Dieser Lift führt zu einer Aussteigstelle vor dem steilsten Abschnitt, bei günstigen Verhältnissen bis zur Bergstation.
Die Abfahrt verläuft Richtung Nord, dann Richtung Nordwest einbiegend bis dicht unter die Forcella Verde (2380 m). Jetzt muß die Entscheidung getroffen werden:
a) Zum Rif. Ospidale kurz aufsteigend in die Scharte. Durch eine prachtvolle Mulde Richtung West abfahren, bis Felsabbrüche in einer Höhe von etwa 2000 m dazu zwingen, links abzubiegen. Wir queren zwei Mulden und fahren dann auf einem Rücken ab. Man bleibt nun (in Abfahrtsrichtung) links vom Ru Felizon und erreicht, ungefähr dem Verlauf eines Weges folgend, eine Fahrstraße. Auf dieser Fahrstraße (Brücke) über den Bach und in kurzem Gegenanstieg zum Rif. Ospitale. Mit Bus zurück nach Cortina und zum Passo Tre Croci.

b) Abfahrt nach Cimabanche (Im Gemärk):
Richtung Nord kurz abfahren, vor den sperrenden Felsen in der Talmitte (bei etwa 2200 m) hält man sich links und fährt steil in die enge Bachschlucht der Val Pra del Vecchio ein. Dieser Teil der Abfahrt ist insbesondere nach Schneefällen oder einem Wärmeeinbruch lawinengefährdet. Am Ende der Schlucht stehen wir vor einem Wasserfall, der links umgangen wird. Auf einem Waldweg, dann auf einer Forststraße, im letzten Teil nahezu eben hinaus nach Cimabanche (Im Gemärk), der Grenze zwischen den Provinzen Belluno und Südtirol. Mit Bus oder Taxi zurück zum Ausgangspunkt.

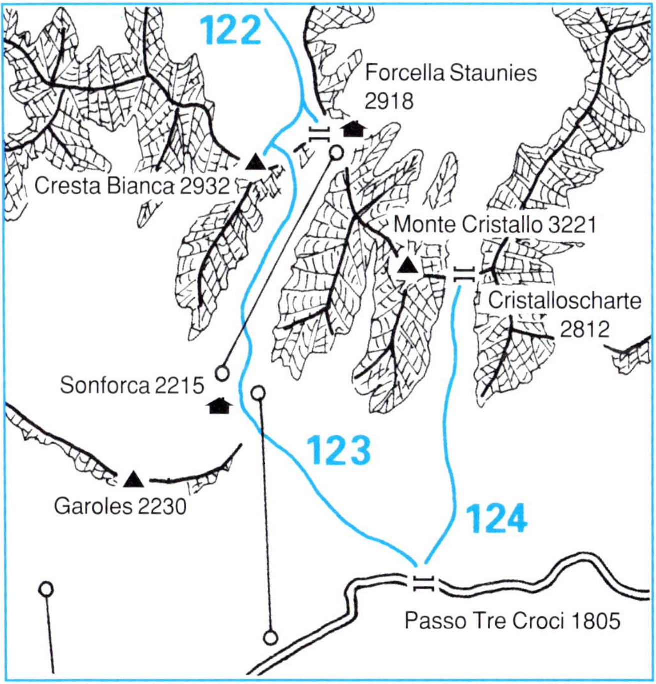

123 **Cresta Bianca (2932 m)** von der Forc. Staunies

Wer auch einen Gipfel ersteigen möchte, fährt kurz zum Gletscherrest »Ghiacciao di Cresta Bianca« ab und steigt dann zu einer Scharte westl. der Cresta Bianca und zum Gipfel auf. Kann man nur bis zur Mittelstation auffahren oder ist der Lift nicht mehr in Betrieb, steigt man besser von der Mittelstation links haltend durch eine näher bei der Cresta Bianca gelegene Rinne ebenfalls steil zur Scharte westlich der Cresta Bianca auf und berührt die Forcella Staunies nicht.

124 Cristalloscharte (2812 m)

Steiler Südanstieg mit noch steilerer Nordvariante!

Touren Steckbrief

Höhenunterschied: 1000 Hm
Zeit: 2 1/2 Std.
Schwierigkeit: Schwierige Skitour, klettertechnisch unschwierig. Mitunter lawinengefährdet (Nordabfahrt häufig lawinengefährdet). Abfahrt je nach Route vorwiegend Süd bzw. Nord. Mitte Februar bis Ende März (Südabfahrt).
Beste Jahreszeit: Mitte März bis Mitte Mai (Nordabfahrt).

Von Cortina zum Passo Tre Croci (1805 m), 12 km. Großer Parkplatz beim Hotel Tre Croci, südl. der Paßstraße.
Vom Paß zunächst Richtung Nordost aufsteigen, um dem felsigen Ausläufer des Col da Varda auszuweichen. Dann zwischen zwei Felskämmen in der sich zunehmend verengenden Mulde ohne Orientierungsschwierigkeiten Richtung Nord in die Scharte. – Dieses Kar (Grave de Cerigere) bietet eine großartige Firnabfahrt.

Noch aufregender ist jedoch die Nordabfahrt nach Schluderbach. Zunächst steil über die Reste des Cristallogletschers. In einer Höhe von 2400 m wird die Mulde weit, die Abfahrt behält aber eine ansehnliche Steilheit bei. Nach der Überwindung einer felsdurchsetzten Steilstufe erreicht man den Talschluß des Cristallotales, das man nun bis in nahezu ebenes Gelände verfolgt. Wir halten uns dabei in der rechten Flanke. Man verläßt das Tal in etwa 1500 m Höhe auf einer Forststraße, die nach links (Richtung Nordnordwest) nach Schluderbach (1438 m) führt. Busverbindung nach Cortina.

Tourenbereich Misurina

Die Gegend um Misurina ist für den Tourengeher der lohnendste Abschnitt der langen Val d`Ansiei.

Anreise Von Toblach über Schluderbach nach Misurina (20 km). Von Cortina d`Ampezzo über den Passo Tre Croci (13 km).

Karten Im Maßstab 1:25 000 Tabacco 017 (Dolomiti di Auronzo e del Comelico). Im Maßstab 1:50 000 Freytag & Berndt WK S10 (Sextener Dolomiten); Kompaß Nr. 55 (Cortina d`Ampezzo) oder Nr. 58 (Sextener Dolomiten).

Auskünfte und Zimmernachweis I-32040 Misurina, Tel. 04 36/3 90 16.

125 Forcella de la Neve (2471 m) Die Scharte ist nur auf genauen Karten kotiert und bezeichnet

Touren Steckbrief

Höhenunterschied: 450 Hm
Zeit: 2 ½ Std.
Schwierigkeit: Mittelschwere Skitour, klettertechnisch unschwierig. Kaum lawinengefährdet. Abfahrt vorwiegend Süd.
Beste Jahreszeit: Dezember bis April.

Von Misurina zum Süd-Ende des Sees. Auf einem Fahrweg Richtung Ost abzweigen zur Talstation des Sessellifts Col de Varda. Mit dem Lift zur Bergstation (2115 m), zu Fuß 1 Std.
Von der Bergstation kurze Abfahrt, dann auf einem Fahrweg um den Col de Varda herum und in flachem Gelände unterhalb der Felsabbrüche der Cima Ciadin de la Neve, zuletzt leicht ansteigend, zur Forc. Maraia (2101 m). Etwas oberhalb das Rif. Citta di Carpi (2110 m, Sektion Carpi des CAI, Sommerbewirtschaftung, Winteraum mit 2 Lagern). Der Sommerweg quert nun einen von der Cima Ciadin de la Neve herabziehenden Rücken. Mit Ski ist es günstiger, mit geringem Höhenverlust in die flache Mulde (Pian de la Mussa) einzufahren und aus dieser Mulde unmittelbar zur Scharte anzusteigen. Nur im letzten Teil steil.
Die Abfahrt auf dem Anstiegswege ist wegen der langen Querung vom Rif. Citta di Carpi zum Col de Varda langweilig. Gute Skiläufer können von der Scharte – im ersten Teil steil – durch eine prachtvolle Mulde (Ciadin de la Neve) zur Bergstation eines Schlepplifts und weiter auf der Piste nach Misurina abfahren. Talstation in der Nähe des Nordufers, etwa 2 km vom Ausgangspunkt (Talstation des Sessellifts) entfernt.
Skitechnisch und klettertechnisch bedeutend anspruchsvoller ist folgende Abfahrtsvariante: In heiklem und bei Hartschnee gefährlichem Übergang zur Forcella de la Nevaiolo (2624 m).

Steil und eng in eine prachtvolle Skimulde (Ciadin del Navaio). Man hält sich dabei rechts. Liegt wenig Schnee, kann man mitunter Leitern und Seilversicherungen in der Mitte der Rinne zur Überwindung des ersten Steilstücks benützen. In der nunmehr weiten und nur mehr mäßig geneigten Mulde zu einer weiteren Steilstufe auf der Höhe des Rif. Fonda Savio (links auf dem Rücken). Diese Steilstufe überwindet man im rechten Hangteil und fährt erst dann wieder zur linken Begrenzungsflanke hinunter. Fast ohne Gegenanstieg zur Forc. de Rinbianco (2176 m). Richtung Nordwest neuerlich durch eine prachtvolle Skimulde

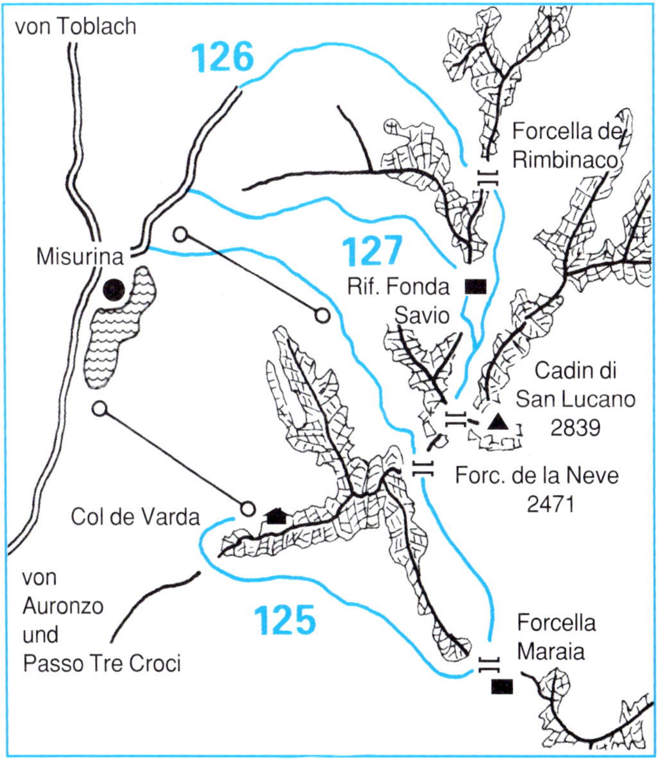

(Ciadin de Rinbianco). Man bleibt am besten in der sehr flachen Talmulde, bis man die Mautstraße zum Rif. Auronzo erreicht. Auf ihr zum Rist. Lago d'Atorno. Auf der Piste eines Schlepplifts, der hier endet, zu dessen Talstation am Nordrand des Lago di Misurina. Etwa 2 km zurück zum Ausgangspunkt (Sessellift Col de Varda).

Ausgangspunkt Ristorante Lago d'Atorno (1866 m)
Privat, geöffnet in der Weihnachtszeit und von Februar bis Ostern. Nächtigungsmöglichkeit (Tel. 04 36/3 91 48). Von Misurina führt eine Mautstraße bis zum Rif. Auronzo (2320 m). Diese Straße wird im Winter nur bis zum Rist. Lago d'Atorno, am westl. Ufer des gleichnamigen Bergsees gelegen, geräumt und kann mautfrei befahren werden. Großer Parkplatz. Ganz in der Nähe Bergstation eines Schlepplifts. Die Talstation liegt etwa 200 m nach der Abzweigung der Mautstraße. Auch hier große Parkplätze.

126 Forcella della Nevaiolo (2624 m) Über die Forcella di Rinbianco

Großartige Skitour zwischen den bizarren Klettertürmen der Cadini-Gruppe

Touren Steckbrief

Höhenunterschied: 850 Hm
Zeit: 3 1/2 Std.
Schwierigkeit: Schwierige Skitour, ab Skidepot leichte Kletterei. Mitunter lawinengefährdet. Abfahrt vorwiegend Nord, Nordwest.
Beste Jahreszeit: Februar bis Mai.

Vom Parkplatz auf der nicht geräumten Fahrstraße Richtung Rif. Auronzo bis zum Mauthäuschen. Kurz vor der Mautstelle zweigt

Cima di Cadin Tocci vom Anstieg zur Forcella Nevaiolo. Skitour neben Kletterfelsen!

man Richtung Ost ab, biegt aber bald Richtung Südost in ein von Felstürmen begrenztes Tal ein. Durch dieses Tal erreicht man ohne Orientierungsschwierigkeiten die Forcella de Rinbianco (2176 m). Von hier fährt man (Abfellen lohnt nicht) mit möglichst wenig Höhenverlust in ein Nordkar ein, durch das man bei rasch zunehmender Steilheit ansteigt. Man hält sich (im Anstiegssinne) auf der linken Hangseite (rechts noch steiler, kleine Felsabbrüche). Nach einem sanfteren Zwischenteil führt ein Steilhang zur Scharte hinauf. Man hält sich an der linken Seite. Spät im Jahr oder bei sehr geringer Schneelage ist es mitunter günstiger, Seilversicherungen und Leitern des Sommerweges in der Mitte der steilen Rinne zu benützen. Großartige Aussicht, beeindruckend ist insbesondere der Blick auf die Drei Zinnen.

127 Forcella della Nevaiolo (2624 m) Über das Rif. Fonda Savio

Touren Steckbrief

Höhenunterschied: 900 Hm
Zeit: 3 Std.
Schwierigkeit: Schwierige Skitour, ab Skidepot leichte Kletterei. Mitunter lawinengefährdet. Abfahrt vorwiegend Nord, West.
Beste Jahreszeit: Februar bis Mai.

Vom Rist. Lago d'Atorno etwa 500 m zurück in Richtung Misurina. Hier zweigt ein (nicht geräumter) Fahrweg ab, der durch flaches Gelände zur Materialseilbahn der Schutzhütte führt. Richtung Ost über einen hindernislosen, teilweise recht steilen Hang zu einer Art Rücken, von dem aus man bereits die Hütte sieht. Wenige Höhenmeter hinab und durch eine weite Mulde, die man am besten an ihrem linken Rande ausgeht. Über einen steilen Hang erreicht man das Rif. Fonda Savio (2367 m, Sektion 30. Oktober des CAI, Sommerbewirtschaftung, Winterraum mit 2 Lagern). Felsabbrüche hindern daran, von der Hütte unmittelbar in das große Kar einzubiegen (Ciadin del Nevaio), das zur Scharte hinaufführt. Man steigt daher von der Hütte Richtung Süd über einen Rücken, dann in der rechten Begrenzungsflanke auf, bis man gefahrlos nach links einbiegen kann. Durch das nun sehr sanfte und weite Kar bis zum Beginn der steilen Rinne wie bei R 126 zur Scharte.

Umrundung der Drei Zinnen 128

Landschaftlich großartige Skiwanderung

Touren Steckbrief

Höhenunterschied: 800 Hm
Zeit: 4 Std.
Schwierigkeit: Mittelschwere Skitour, klettertechnisch unschwierig. Mitunter lawinengefährdet. Abfahrt vorwiegend Südwest.
Beste Jahreszeit: Dezember bis April.

Vom Ristorante auf der nicht geräumten Fahrstraße zum Rif. Auronzo (2320 m) und unterhalb der Südabstürze der Zinnen querend auf einem Fahrweg zum Rif. Lavaredo (2344 m). Beide Hütten: Sommerbewirtschaftung, kein Winterraum.
Vom Rif. Lavaredo Richtung Nord zum Paternsattel (2454 m). Man könnte nun von der Scharte zur Hochfläche abfahren. Der Blick auf die gewaltigen Nordwände ist jedoch wesentlich schöner, wenn man unterhalb des Paternkofels Richtung Nord zur Drei Zinnen Hütte (2405 m, Sektion Padua des CAI, Sommer-

bewirtschaftung, Winterraum mit 6 Lagern) quert. Sie liegt auf dem Toblinger Riedel und hat gerade den richtigen Abstand zu den gewaltigen Nordwänden. Abfahrt Richtung Südwest zum Rienzboden und über die gewellte Hochfläche in einigem Auf und Ab an den Nordwänden der Zinnen vorbei. An die Westl. Zinne schließt der Zinnenkopf. Von seinem Westgipfel zieht ein Rücken Richtung Nordwest. Man erreicht diesen Rücken bei seinem Ansatz und quert dann die Westflanke des Zinnenkopfs ansteigend zur Forcella del Col de Mezo (2315 m). Hier beginnt die einzige größere Abfahrt unserer Wanderung. Richtung Südwest flach zum Beginn eines Tälchens, durch das man in hübscher Abfahrt die Mautstraße zur Auronzohütte erreicht. Auf ihr nach leichtem Gegenanstieg zurück zum Rist. Lago d'Atorno.

129 Zinnenkopf »Westgipfel« (2536 m)

Rassige Skitour auf den unbedeutenden Nachbarn der Westl. Zinne

Touren Steckbrief

Höhenunterschied: 750 Hm
Zeit: 3 Std.
Schwierigkeit: Schwierige Skitour, klettertechnisch unschwierig. Mitunter lawinengefährdet. Abfahrt vorwiegend Süd, Südwest.
Beste Jahreszeit: Januar bis April.

Auf der Straße zum Rif. Auronzo bis zu einer auffallend scharfen Kehre (1940 m). Auf der nun folgenden langen Geraden etwa 10 Min. weiter, bis sich nach links ein schluchtartig einge-

Kurz nach der eindrucksvollen Querung unter den Nordwänden der Drei Zinnen.

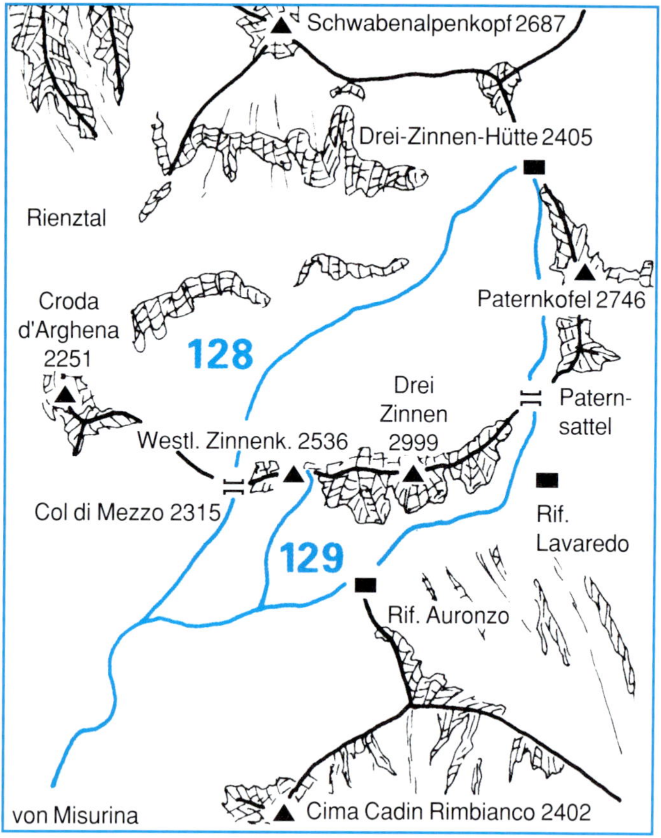

schnittenes Tal öffnet. Unmittelbar nach der Brücke (2022 m) verläßt man die Mautstraße und steigt in mittlerer Steilheit in der rechten Begrenzungsflanke auf. In einer Höhe von etwa 2200 m wird das Gelände flacher. Man hält nun auf den Hauptgipfel des Zinnenkopfs, eine ansehnliche Spitze links von der Westl. Zinne, zu. In rasch zunehmender Steilheit erreicht man die vom Zinnenkopf herabziehenden Felsen (Croda del Rifugio).

Ihnen entlang kommt man zu einer steilen, teilweise felsdurchsetzten Rinne. Durch diese Rinne zu einer Einsattelung. Hier wendet man sich nach links und steigt zwischen Felstürmchen mit Ski fast bis zum kleinen schmiedeeisernen Kreuz auf.

Skitouren im Agordino

»Agordino« heißt das Tal des Cordevole. Der Fluß entspringt in der Nähe des Pordoijochs und mündet südwestlich von Belluno in den Piave. Der Hauport des Tales ist Agordo. Bei uns bekannter ist (als Pistenskiort) Arabba.

Anreise Von Cortina d'Ampezzo oder aus dem Gadertal über den Passo di Falzarego und bei Andraz Richtung Süd ins Agordino. Oder: Durch das Grödental, über das Sellajoch und das Pordoijoch nach Arabba.

Tourenbereich Arabba, 1601 m
Hier wird jener Teil der Großen Dolomitenstraße erfaßt, der vom Pordoijoch über Arabba zum Passo Falzarego führt. Auch dieser obere Teil des Cordevoletales (= »Buchenstein«) ist ladinisch. Hauptort ist Pieve, doch ist Arabba auf Grund seiner Bedeutung für den Skilauf ungleich bekannter.

Karten Im Maßstab 1:25 000 Tabacco 07 (Hochabtei, Livinallongo). Im Maßstab 1:50 000 Freytag & Berndt WK S5 (Cortina, Marmolata, St. Ulrich); Kompaß Nr. 55 (Cortina).

Auskünfte und Zimmernachweis Verkehrsbüro I-32020 Arabba, Tel. 04 36/7 91 30, I-32032 Pieve di Livinallongo, Tel. 04 36/71 57.

Von Arabba sind es nur 9 km bis zum Pordoijoch. Die Bergstation der Seilbahn ist Ausgangspunkt für die – mit Recht – beliebte Skitour auf den Piz Boè (3162 m) mit vielen (zumeist anspruchsvollen) Abfahrten: Sie wurden bereits unter R 83 beschrieben.

130 Cima Sief (2424 m)

Touren Steckbrief

Höhenunterschied: 850 Hm
Zeit: 3 Std.
Schwierigkeit: Mittelschwere Skitour, klettertechnisch unschwierig. Mitunter lawinengefährdet. Abfahrt vorwiegend West, Südwest.
Beste Jahreszeit: Dezember bis April.

Von Arabba in Richtung Passo Falzarego. Nach 5 km zweigt nach links eine Bergstraße nach Corte (1601 m) ab. Fahrverbot (vermutlich aus Haftungsgründen), Befahren zur Zeit der Erkundungen geduldet. Auf der schmalen, aber gut ausgebauten Fahrstraße erreicht man die kleine Siedlung. Etwa $^1/_2$ km weiter in Richtung Contrin.

Aufstieg Auf dem Fahrweg bis zu den Bauernhäusern des Weilers Sief (1699 m). Nach links über Lichtungen und durch schütteren Wald zu freien Almwiesen.
Weiter Richtung Nord, dann allmählich nach rechts einbiegend zu einem Rücken, über den man, zuletzt etwas steiler, den Gipfel erreicht.

Anmerkung Ein Übergang von der Cima Sief zum Col di Lana ist möglich. Man benützt dabei nicht die Gratverbindung (Seilversicherungen, teilweise etwas ausgesetzt).
Günstiger ist es, in einer Höhe von etwa 2200 m auf einer Art Terrasse unterhalb dieses Verbindungsgrates zu queren, bis man auf den nachfolgend beschriebenen Anstiegsweg von Pieve bzw. Palla stößt, über einen kurzen Steilhang den Gratrücken oberhalb der Napoleonskapelle und wenig später den Gipfel erreicht.

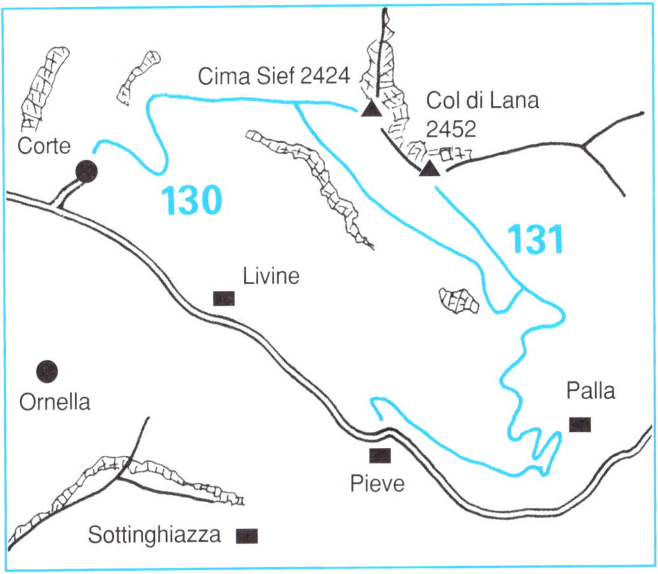

Col di Lana (2452 m)

Skitour auf einen im Ersten Weltkrieg heiß umkämpften Berg (»Berg des Blutes«)

131

Touren Steckbrief

Höhenunterschied: 800 Hm
Zeit: 2 1/2 Std.
Schwierigkeit: Schwierige Skitour, klettertechnisch unschwierig. Mitunter lawinengefährdet. Abfahrt vorwiegend Süd.
Beste Jahreszeit: Dezember bis April.

Von Arabba nach Pieve di Livinallongo (7 km). Auf einem Fahrweg zur Ortsteil Palla (1676 m) – Fahrverbot, Befahren zur Zeit der Erkundungen geduldet. Parken bei der Abzweigung einer alten Militärstraße, etwa 200 m vor dem Weiler. Hierher zu Fuß etwa 40 Min.

Aufstieg Über die erwähnte Militärstraße zur Waldgrenze. In einer schönen Mulde Richtung Nord zu einem auffallenden Felskopf (»Cappello di Napoleone«, ehemalige österreichische Stellung). Dieser Kopf bricht mit einer Felswand ab, durch die der Sommerweg führt. Diese Stelle muß links umgangen werden. In einer S-förmigen Schleife erreicht man, zuletzt über einen Steilhang, den Gratrücken. Von hier teilweise steil, aber unschwierig zum Gipfel. Prachtvolle Aussicht auf einen großen Teil der Dolomiten. Gedenkkapelle.

Skitouren in der Val Cismon

Viele Leser werden sich unter »Val Cismon« nicht viel vorstellen können. Stichwörter wie »Rollepaß«, »San Martino di Castrozza« oder »Pala« sorgen jedoch rasch für die richtige Einordnung. Der Torrente Cismon, nach dem das Tal seinen Namen hat, entspringt in der Nähe des Rollepasses. Für uns Tourengeher ist nur der obere Teil des Tales von Bedeutung. Hier finden wir eine ganze Reihe schöner Skitouren.

Anreise Brenner – Bozen – Auer (bis hierher Autobahn) – Cavalese und Predazzo im Fleimstal – Rollepaß (78 km).

Als Skigipfel kaum bekannt: der im Ersten Weltkrieg heiß umkämpfte Col di Lana.

Tourenbereich San Martino di Castrozza

Die Val Cismon wird im Osten von den Pale di San Martino, im Westen von der Catena dei Lagorai begrenzt. Beim Rollepaß und in San Martino finden sich auf beiden Seiten Aufstiegshilfen, die natürlich gerade die Tourenziele erschließen. Dennoch: Anstiege auf den Monte Mulaz, die Cima della Vezzana oder die Cima Fradusta sind nach wie vor Glanzpunkte im Tourenbuch!

Anreise Vom Rollepaß nach San Martino di Castrozza (10 km), von Bozen über Auer und das Fleimstal 96 km.

Karten Im Maßstab 1:25 000 Tabacco 022 (Pale di San Martino). Im Maßstab 1:50 000 Kompaß Nr. 76 oder Tabacco 4.

Auskünfte und Zimmernachweis Verkehrsbüro I-38058 San Martino di Castrozza, Tel. 04 39/6 81 01

132 Monte Mulaz (2906 m)

Kürzester Anstieg auf einen prachtvollen Skigipfel

Touren Steckbrief

Höhenunterschied: 950 Hm
Zeit: 3 Std.
Schwierigkeit: Schwierige Skitour, ab Skidepot leichte Kletterei. Mitunter lawinengefährdet. Abfahrt vorwiegend Süd, Südwest.
Beste Jahreszeit: März bis Mai.

Von San Martino di Castrozza zum Passo di Rolle (10 km). Mit dem Sessellift »Segantini« zur Bergstation (2217 m). Der Lift ist in der Regel bis zum Sonntag nach Ostern in Betrieb. Zu Fuß 40 Min.
Abfahrt in der Grundrichtung Ost auf und neben einer alten Militärstraße in den Talboden der Val Venegiotta (etwa 2000 m). Richtung Nordost ansteigend, dann durch ein teilweise steiles Kar (Orientierungshilfe: Drahtseile der Materialseilbahn) zum Passo del Mulaz (2619 m). Das Rif. steht etwas unterhalb. Über den breiten Südrücken zunächst mit Ski, dann Skidepot. Zu Fuß über den stellenweise ausgesetzten Grat zum Gipfel mit dem eigenartigen Glockenntürmchen. Nachteil unseres Ausgangspunktes: Nach der großartigen Abfahrt 1/2 Std. Gegenanstieg zur Bergstation des Sessellifts.

Cima della Vezzana (3192 m) 133

Anspruchsvoller Weg zum höchsten Gipfel der Pale di San Martino

Touren Steckbrief

Höhenunterschied: 900 Hm (+300 Hm Gegenanstieg)
Zeit: 4 Std. (+1 Std.)
Schwierigkeit: Schwierige Skitour, ab Skidepot leichte Kletterei. Häufig lawinengefährdet. Abfahrt vorwiegend Nordost, Südost.
Beste Jahreszeit: März bis Mai.

Vom Ortskern von San Martino di Castrozza Richtung Rollepaß. Nach zwei Kehren zweigt nach rechts ein Fahrweg ab, der zum Parkplatz eines Sessellifts führt.
Mit dem Sessellift »Col Verde« zu dieser Kuppe. Umsteigen in die Gondelbahn »Rosetta«. Von der Bergstation (2639 m) zum

Passo di Rosetta (2572 m) und dem Rif. Pedrotti (2578 m, Sektion Trient des CAI, Sommerbewirtschaftung, Winterraum mit 12 Lagern). Richtung Nordost, später Richtung Nordwest einbiegend, fährt man zum Pian dei Cantoni ab. Durch diesen flachen Talboden, bis sich Richtung Nordwest ein Tal öffnet (Valle dei Cantoni). Unser Anstieg durch dieses Tal führt gemütlich zum Passo di Travignolo (3030 m). Rechts haltend zu einer Schulter in dem Rücken, der vom Gipfel nach Südost zieht, und über diesen zum Gipfel. In den letzten Teilen des Anstiegs steil, teilweise ohne Ski. Schönheitsfehler der eindrucksvollen Skitour: Gegenanstieg vom Pian dei Cantoni zum Rif. Pedrotti und weiter zur Seilbahn. Von der Bergstation steile, bei Hartschnee gefährliche Talabfahrt.

134 Cima Fradusta (2939 m)

Großartige Abfahrt für geringe Anstiegsleistung

Touren Steckbrief

Höhenunterschied: 400 Hm
Zeit: 2 Std.
Schwierigkeit: Schwierige Skitour, klettertechnisch unschwierig. Mitunter lawinengefährdet. Abfahrt vorwiegend Ost, Südost.
Beste Jahreszeit: März bis Mai.

Wie bei R 133 zur Bergstation der Gondelbahn (2639 m). Von hier aus sieht man bereits den Gipfel und überblickt nahezu den gesamten Anstieg. Dieser Anstieg führt durch eine unübersichtliche Hochfläche. Die Orientierung ist bei schlechter Sicht schwierig. Richtung Südost in den weiten Talkessel abfahren. Weit rechts vom Rif. Pedrotti ansteigen, Richtung Ost, dann Südost zum Passo Pradidali Basso (2658 m). Prächtige Nahblicke auf berühmte Klettergipfel der Pale di San Martino! Nach dem Auf und Ab über die Hochfläche hat man kaum an Höhe gewonnen. Weiterhin in der Grundrichtung Südost und reichlich flach zum Ghiacciao di Fradusta. Über diesen Gletscher erst flach, dann allmählich steiler, zu einer Einsattelung links (nordöstl.) des Gipfels. Von hier über einen breiten Rücken unschwierig zum höchsten Punkt. Für die Abfahrt bieten sich zwei Möglichkeiten: a) Zurück zum Passo Pradidali. Von hier (man kann bereits vor dem Paß von der Seite einfahren) steil Richtung Süd zum Rif. Pradidali (2278 m, Sektion Treviso des CAI, Sommerbewirt-

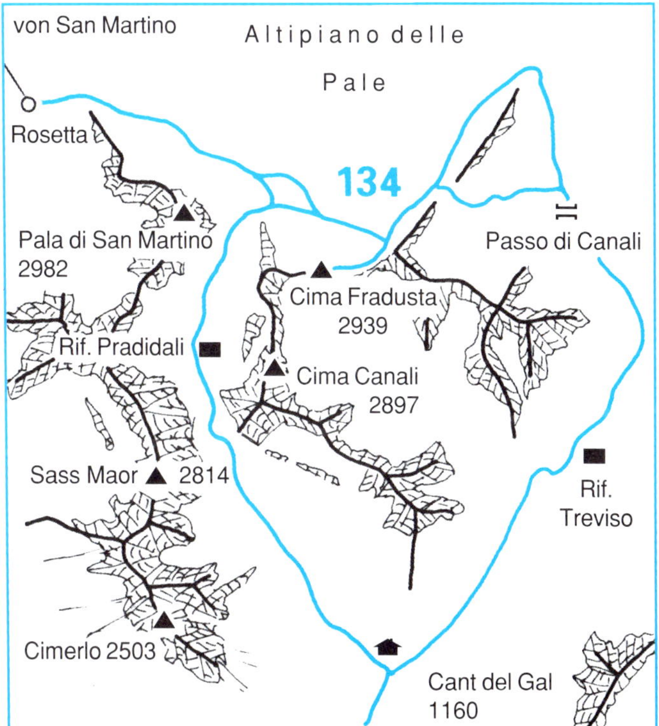

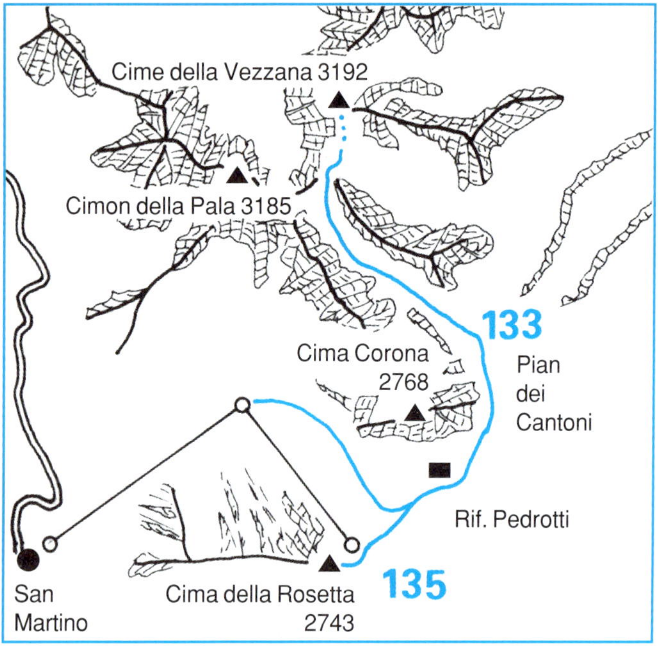

schaftung, Winterraum mit 2 Lagern). Nun je nach den Verhältnissen entweder zu Fuß über den Felssteig oder rechts davon in einer engen Steilrinne in den weiten Talboden der Val Pradidali. Durch dieses Tal zum Rif. Cant del Gal (1160 m). Vom großen Restaurant aus kann man sich ein Taxi bestellen (wegen der großen Entfernung leider ziemlich teuer). Zu Fuß nach Fiera di Primiero (Busverbindung nach San Martino di Castrozza) etwa 2 Std.

b) Orientierungsmäßig schwieriger, jedoch weniger steil: Vom Gipfel zurück zu der Einsattelung. Nun aber weiter auf dem Rücken, nach einem kurzen Gegenanstieg in die Forcella la Fradusta (2716 m). Nach rechts steil in den Talboden, dann nach einer Hangquerung zum Passo di Canali (2469 m) aufsteigen. Wesentlich leichter erreicht man diese Scharte, wenn man noch nicht von der Forcella la Fradusta abfährt, sondern die Grundrichtung Nordost beibehält und erst nach dem Pizzo di Miel Richtung Ost zur Forcella di Miel (2520 m) abzweigt. Richtung Süd nach einigem Auf und Ab ebenfalls zum Passo di Canali. Nun steil in Richtung Südost abfahren, bis man in ein wahrhaft traumhaftes Skigelände kommt und Richtung Süd den Talboden erreicht. Man darf jedoch nicht zu weit in den Talboden hinabfahren, sondern muß sich rechtzeitig links in der Flanke halten, um möglichst beim Rif. Treviso (1631 m, Sektion Treviso des CAI, Sommerbewirtschaftung, Nebenhaus mit 16 Lagern) anzukommen. Im letzten Teil benützt man den Sommerweg. Der Hüttenabstieg führt durch dichten Steilwald. Man fährt am besten etwas südl. der Hütte durch eine Lawinenrinne Richtung Ost ins Tal ab. Nun unschwierig auf einem Fahrweg zum Rif. Cant del Gal (1160 m).

Cima della Rosetta (2762m) 135

Großartiger Aussichtsgipfel im Nahbereich der Bergstation der Gondelbahn. 1/2 Std. über einen Südosthang.

Colbricon (2602 m) 136

Durch Seilbahnhilfe verkürzter Anstieg

Touren Steckbrief

Höhenunterschied: 900 Hm
Zeit: 3 Std.
Schwierigkeit: Mittelschwere Skitour, ab Skidepot leichte Kletterei. Mitunter lawinengefährdet. Abfahrt vorwiegend Nordost.
Beste Jahreszeit: Januar bis Mai.

Vom Ortskern von San Martino di Castrozza führt eine Fahrstraße zum Parkplatz des Sessellifts »Ces«. Weiter mit dem Sessellift »Punta Ces« zur Bergstation (2227 m). Abfahrt Richtung Nordost in die Val Bonetta. Hierher zu Fuß 1 Std. vom Parkplatz. Bei etwa 1800 m fellt man an und steigt Richtung Nord zum Passo del Colbricon (1908 m) auf. Kurze Abfahrt Richtung Nord bis in eine Höhe von etwa 1850 m. Hier hält man sich rechts, auf den eindrucksvollen Felskamm zu, der zum Colbricon Piccolo zieht. Durch eine steile Nordostmulde erreicht man sanfteres Gelände und steht vor zwei Gipfeln mit gleicher Höhe (2602 m). Als »Wintergipfel« gilt der Südwestgipfel. Mit Ski teilweise steil, aber ohne besondere Schwierigkeiten zum höchsten Punkt.
Auch über die Forcella di Ceremana kann man zum Colbricon aufsteigen: Von der Bergstation des zweiten Sessellifts (»Punta Ces«, 2227 m) quert man Richtung West in eine Mulde ein und steigt, erst im letzten Teil etwas steil, in 1/2 Std. zur Scharte auf (2428 m). Das bietet die Möglichkeit, den Colbricon im Rahmen einer Rundtour zu besteigen. Von der Scharte hält man auf den auffälligen Südgrat des Colbricon Piccolo zu und biegt unterhalb des Grates Richtung Ost in die Hochfläche ein, aus der man den steilen Gipfelaufbau des Colbricon angehen kann.

137 Dolomitendurchquerung

Man kann die Dolomiten von Nord nach Süd oder von Süd nach Nord durchqueren. Steile Anstiege und Abfahrten sind nicht selten lawinengefährdet. Man sollte die Dolomitendurchquerung deshalb besser nicht vor März durchführen. Da mangelt es mitunter sonnseitig in den unteren Teilen der Abfahrten bereits an Schnee. Wir halten es deshalb für günstig, die Durchquerung im Süden zu beginnen. Die großen Abfahrten verlaufen dann nordseitig und man hat eine größere Wahrscheinlichkeit, bis ins Tal

abfahren zu können. Noch ein wichtiger Punkt: Bei Nächtigungen in den Talorten ist es in der Hochsaison schwierig, für eine Nacht Quartier zu bekommen. Wir ziehen es daher vor, die Hochroute erst nach dem Sonntag nach Ostern zu begehen, also frühestens Ende März, auch wenn dann die Ski gelegentlich eine Stunde (oder auch etwas länger) getragen werden müssen und die Seilbahnen eingestellt sind. Schließlich setzt die Dolomitendurchquerung auch gut ausgebildete Skibergsteiger voraus, die nicht nur die Lawinengefährdung zuverlässig einschätzen können und den alpinen Schwierigkeiten gewachsen sind, sondern die auch mit Karte, Höhenmesser und Bussole vertraut sind, um Orientierungsprobleme bewältigen zu können.
Wenn man es nicht vorzieht, mit öffentlichen Verkehrsmitteln anzureisen, stellt man sein Fahrzeug am besten am Endpunkt der Durchquerung ab, in unserem Falle in Sexten (auf den großen Parkplätzen beim Dolomitenhof im Fischleintal).
Viele Abschnitte der Hochroute wurden bereits beschrieben. Hier fassen wir uns kurz und verweisen auf die entsprechenden Routen, bei denen sich dann auch Hinweise auf Landkarten und Verkehrsbüros (für die Quartierbestellung, insbesondere in der Hochsaison und an Wochenenden wichtig) finden.

1. Tag Vom Passo di Rolle nach Falcade

Wie bei R 132 mit dem Sessellift (nach dem Sonntag nach Ostern zu Fuß) zur Bergstation und Abfahrt in die Val Venegia. Aufstieg zum Rif. Mulaz, eventuell Besteigung des Monte Mulaz. Abfahrt nach Molino bzw. Falcade. Gesamtzeit etwa 6 Std. Mit Bus oder Taxi zum Passo di San Pellegrino. Wer es besonders bequem haben möchte, läßt sich zum Gasthaus Flora Alpina (1819 m) bringen. Das verkürzt am anderen Tag den Anstieg um einen wenig reizvollen Forststraßenmarsch. Der Pellegrino-Paß liegt zwar höher, doch hat man eine größere Wegstrecke und einen Gegenanstieg in Kauf zu nehmen.

2. Tag Vom Passo di San Pellegrino zum Lago di Fedaja

Aufstieg zur Forca Rossa und Abfahrt, zuletzt auf einer Militärstraße, nach Malga Ciapela. Einigermaßen ausdauernde Skibergsteiger werden nicht nur mit der Seilbahn auf- und über die Piste zum Fedaja-Stausee abfahren, sondern auch die Marmolata »mitnehmen« (vgl. R 79). Ein günstiges Quartier, das einem Taxikosten erspart, ist das traditionsreiche Rif. Castiglioni, unmittelbar an der Staumauer gelegen (Tel. 04 62/6 11 17). Gesamtzeit etwa 8 Std.

3. Tag Vom Lago die Fedaja nach Corvara

Vom Fedaja-Stausee wie bei R 81 zur Porta Vescovo. Abfahrt auf der Piste nach Arabba. Mit dem Bus zum Pordoijoch, mit der Seilbahn (wenn noch in Betrieb, sonst diese Etappe auf zwei Tage aufteilen) zur Bergstation. Wie bei R 83 Aufstieg zum Piz Boe und Abfahrt durch das Mittagstal nach Corvara. Mit Bus über Stern im Gadertal nach St. Cassian und weiter zur Hotelsiedlung Armentarola.

4. Tag Von Armentarola nach Cortina d`Ampezzo

Von Armentarola zu Fuß oder mit Taxibus zur Capanna Alpina. Aufstieg zum Tadegajoch, weiter zur Groß Fanes Alpe und durch das Fanestal bis zu seiner Einmündung in die Valle d`Ampezzo. Mit Bus nach Cortina bzw. gleich weiter zum Passo di Tre Croci. Oder: Auf einer Piste (»pista Armentarola») zum Lagazuoi aufsteigen und wie bei R 117 durch das Travenanzestal abfahren. Oder ganz bequem: Von Armentarola mit dem Skibus zum Passo Falzarego, mit der Seilbahn zum Lagazuoi und wie bei R 117 durch das Travenanzestal. Gesamtzeit abhängig von der gewählten Route.

5. Tag Vom Passo di Tre Croci nach Schluderbach

Wie bei R 124 zur Cristalloscharte und wie R 12 nach Schluderbach. Mit Bus oder Taxi nach Misurina. Gesamtzeit etwa 5 Std.

6. Tag Von Misurina nach Sexten

Von Misurina auf der bis zum Lago d'Antorno geräumten Fahrstraße (hierher auch mit Taxi oder – wenn noch in Betrieb – mit Schlepplift). Wie bei R 128 zur Drei Zinnen Hütte und durch das Altensteiner Tal (R 5) zum Dolomitenhof. Mit Bus oder zu Fuß nach Sexten. Gesamtzeit etwa 6 Std.

Register

Literatur:

Grilli, Mario (o.J.): Le guide di Alp – Rifugi/2. Torino.

Marchesini, Toni (1985). Lagorai. Guida sci alpinistica. Bassano del Grappa.

Pescoller, Hans (1982): Skitouren im Puez. Bruneck.

Pianetti, Danilo (1976), **Pomarici**, Ugo und **Benedetto**, Vito: Skitourenführer für die Fanis- und Cunturinesgrupppe. Cortina.

Pianetti, Danilo (1977), **Pomarici**, Ugo und **Benedetto**, Vito: Sci alpinismo Croda rossa – Colli alti – Vallandro. Cortina.

Weiss, Rudolf (1994) und Siegrun: Skitouren in den Dolomiten. Gebietsführer (370 Skitouren). Innsbruck.